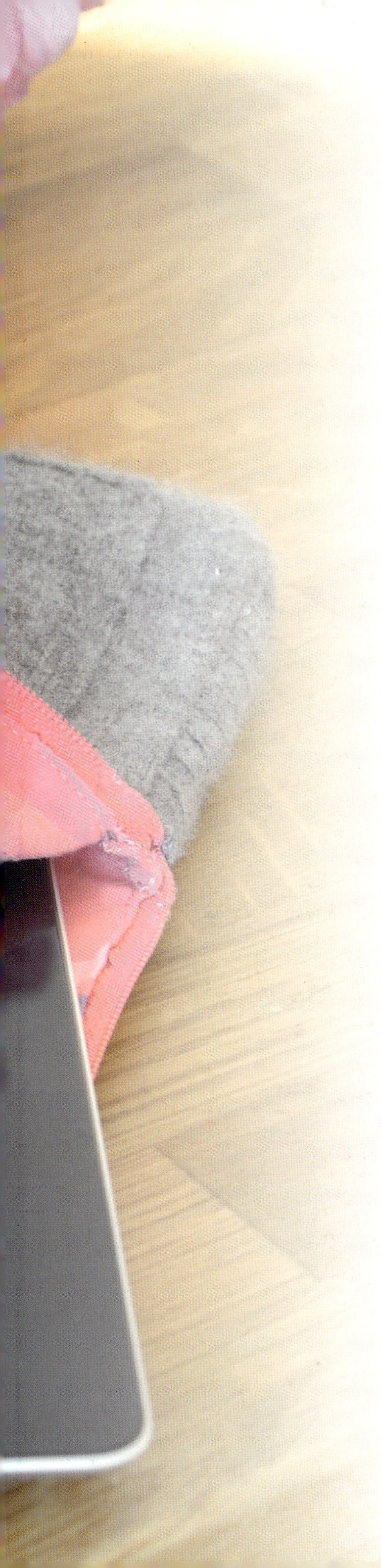

Mein Stil – Meine Tasche

Myriam Bechly

Mein Stil – Meine Tasche

Bassermann Inspiration

Inhaltsverzeichnis

Vorwort Seite 8

Summerstyle Seite 10

Sportliches Rund *** Seite 12

Tolino-Tasche * Seite 16

Transportrolle ** Seite 20

Ballonmütze *** Seite 24

Glitzer Royal Seite 28

Palasttasche *** Seite 30

Yogamatten-Tasche ** Seite 34

Feine Ordner-Hülle* Seite 38

Kosmetikmäppchen * Seite 40

Handysocke * Seite 42

Upcycling Seite 44

Lieblingsjeans ** Seite 46

Kaschmir-Tablet ** Seite 50

E-Reader-Sweater * Seite 54

Smartphone-Hülle * Seite 58

Schwierigkeitsgrade: * ganz einfach
** mit etwas Übung leicht zu machen
*** für Erfahrene

Schwarz Seite 60

Typ Bikerin *** Seite 62

Nieten-Geldbeutel * Seite 68

Stiftemäppchen * Seite 70

Romantik-Tablet * Seite 72

Kabel-Säckchen * Seite 74

Alpen-Chic Seite 76

Fesche Dirndltasche * Seite 78

Geldbeutel * Seite 82

Edelweiße Smartphone-Hülle * Seite 84

Zartes Brillenetui * Seite 86

Allgemeines zum Nähen Seite 88

Vorlagen Seite 96

Dank und Impressum Seite 110

Vorwort

Taschen, Taschen, Taschen! Die unangefochtene Nummer zwei auf der Liste der wichtigsten Mode-Accessoires.
Auch wenn sie den Spitzenreiter noch längst nicht gefährden können (Hinweis meines Göttergatten an alle unwissenden Männer: Damit sind alle Arten von Schuhen gemeint), sind sie ein enorm wichtiger Bestandteil jedes Ausflugs in die städtische Wildnis. Kaum ein zweites Accessoire verrät so viel über die Frau, die es trägt. Mit keinem anderen lässt sich der eigene Style so sehr betonen oder verstärken. Warum sollten wir dann eigentlich nur eine Tasche mit uns herumtragen? Mir ist das zu wenig!
Ein ganzes Sammelsurium muss her – viele verschiedene Taschen für jeden möglichen Zweck. Die müssen zusammen- und vor allem: zu mir passen! Beziehungsweise zu Ihnen. Oder Ihrer Freundin, Ihrer Tochter, Ihrer Nichte?

In diesem Buch zeige ich Ihnen, wie Sie sich in Sachen Taschen selbst verwirklichen. Legen Sie los!

Ihre

Myriam Bechly

Summerstyle

Sommer, Sonne, Strand. Wind in der Nase, Sand zwischen den Zehen. Urlaub an der See.

Fröhliche, bunte Farben, leichte, robuste Stoffe. Mehr braucht es kaum, für dieses Set. Gute Laune direkt voraus!

Sportliches Rund ***

Ein wenig angelehnt an eine Bowling-Tasche kommt dieses Prachtstück daher. Sportlich, aber nicht zu sehr; zart, aber nicht zu fein. Eine Tasche, die alles mitmacht, die auch gelegentlichen robusten Umgang verzeiht. Ein Accessoire für alle Fälle!

Schnitt-Teile:

Vorlagen von den Seiten 96, 97 und 99 kopieren, zusätzlich diese Schnittteile:
Boden 23,5 x 33 cm
Front 14 x 9,9 cm
Boden-Seite-Futter: siehe Zeichnung auf Seite 97

Material:

Oberstoff
Rupfen (eine bestimmte Stoffart, die Sackleinen ähnelt) als Kontrast in Farbe und Haptik
Futterstoff
Reißverschluss mit 50 cm Länge
2 x 50 cm Gurtband, 4 cm breit
Etwas Leder oder Filz als Unterlage für die Henkel
Ein Rest Klebevlies ca. 20 x 30 cm (siehe Seite 89)
4 Füße aus Metall für Taschenböden
1 mm starke Einlage (siehe Seite 89) für den Taschenboden

1 Schneiden Sie die **Front** je 2 x in Oberstoff und Futter zu und markieren Sie die Mitte der langen Seiten. Den **Boden** je 1 x in Rupfen und starke Einlage zuschneiden, auf den kurzen Seiten Markierungen für die Mitte einzeichnen sowie 7 cm davon entfernt auf der Nahtlinie. Die **Seite** wird 2 x in Oberstoff zugeschnitten, auf der Mitte der geraden Seite und auf der Mitte des Bogens wird eine Markierung gesetzt.

2 Das **Boden-Seite-Futter** 1 x in Futterstoff ausschneiden, die Mitte jeder geraden Seite markieren sowie 7 cm davon entfernt auf der Nahtlinie und die Mitte der beiden Bögen markieren. **Top** je 2 x in Oberstoff und Futter zuschneiden, Seitentasche je 2 x in Rupfen, Klebevlies und Futter. Aus dem Futterstoff benötigen Sie ca. 50 cm *Schrägband* (siehe Seite 91).

Die Unterlagen für die Henkel sind kleine Rechtecke mit den Maßen 5 x 4 cm, die Sie vier Mal aus Leder oder Filz zuschneiden.

3 Die Teile **Boden** aus Rupfen und der starken Einlage aufeinanderbügeln.

4 Für die Seitentaschen die Teile **Tasche** miteinander verbinden. Dafür zuerst das Klebevlies auf das Rupfenteil legen und aufbügeln. Abkühlen lassen und die Trägerschicht der Klebevlieses abziehen. Dann das Futterteil auflegen und wieder bügeln. Die obere Kante (die ohne *Nahtzugabe,* siehe Seite 89) *mit Schrägband einfassen* (siehe Seite 92). Die Abnäher steppen und die Nahtzugabe knapp wegschneiden.

5 Reißverschluss rechts und links mit den zwei Teilen **Top** einfassen. Die **Front**-Teile mit dem **Top** rechts auf rechts zusammenlegen und absteppen.

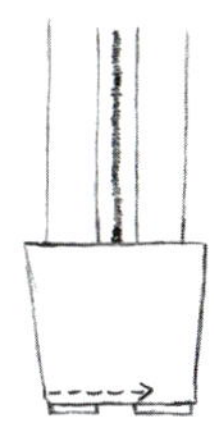

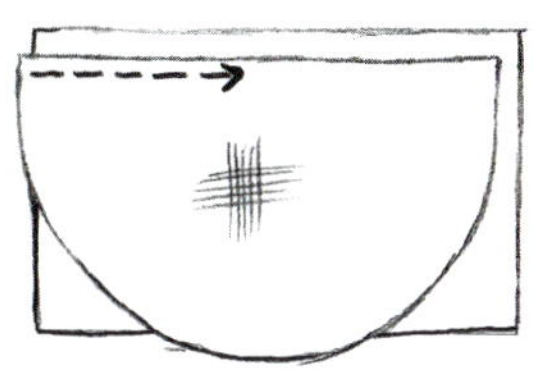

6 Die zwei Seitenteile aus Stoff und den **Boden** aus Rupfen an den langen Geraden rechts auf rechts zusammensteppen.

7 Die Nahtzugabe hochbügeln und auf dem Stoff von außen durch alle Lagen feststeppen.

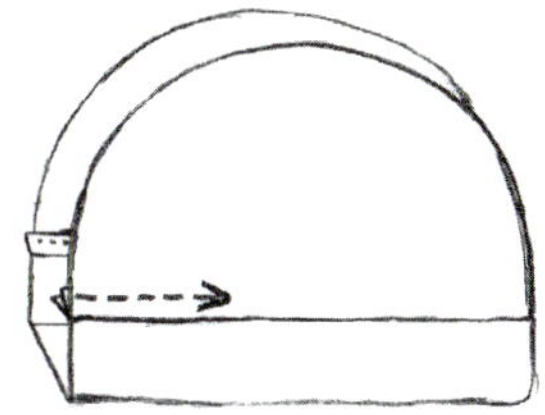

8 Die vorbereitete **Seitentasche** rechts auf rechts auf dem **Boden** feststecken, der Abnäher muss überall exakt auf der 7 cm-Markierung liegen, die obere Kante der Tasche endet an Punkt 3 auf dem Seitenteil. Die Seitentasche feststeppen. Dabei auf den Eckpunkten, wo der Abnäher erreicht ist, die Nadel versenken, den Nähfuß anheben, die Arbeit um 90° wenden und die Nahtlinien wieder genau aufeinander legen (notfalls mit ein wenig Kraft). Nähfuß absenken und weiternähen.

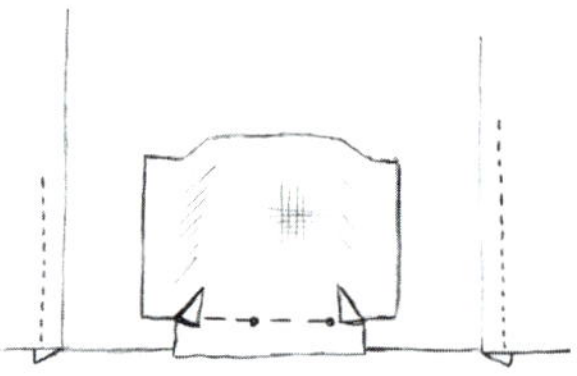

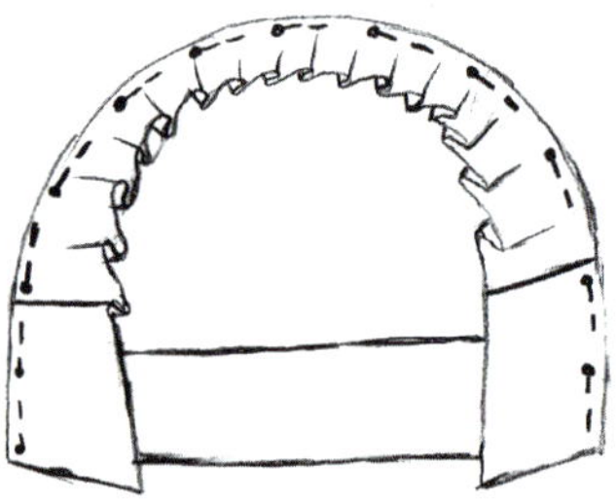

9 Das vorbereitete Oberteil auf Boden und Seitenteil feststecken. Das ist ein bisschen knifflig, weil die Rundung auf eine Gerade verteilt werden muss. Zuerst die Ecken exakt auf den Abnähern der Seitentasche feststecken, dann die oberen Mitten aufeinander stecken, jetzt die Rundung verteilen und feststecken. So lange verschieben und neu stecken, bis es einigermaßen passt. Während Sie diese Naht nun durch die Nähmaschine führen, können Sie mit Gefühl Stoff nachschieben oder dehnen damit Sie eine faltenfreie Naht hinbekommen. Mit der anderen Seite ebenso verfahren.

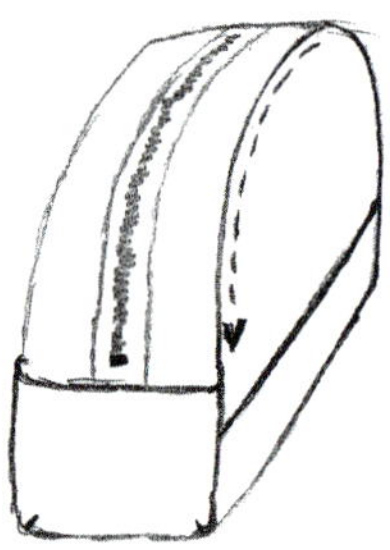

10 Nahtzugabe in der Rundung und überall dort, wo Spannung im Stoff ist, einschneiden und Naht sorgfältig auseinanderbügeln. Tasche wenden, in Form ziehen und Nahtzugabe am **Top** feststeppen.

11 Aus dem restlichen Schrägband zwei kleine *Bänder* (siehe Seite 92) nähen und am Reißverschlussanfang und -ende festnähen.

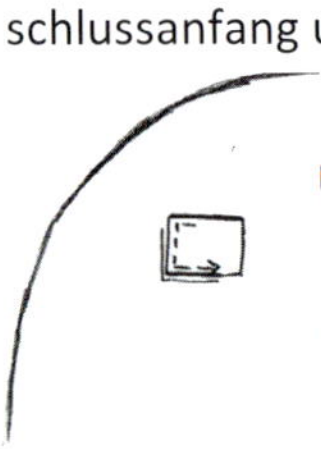

12 Mit Hilfe der Schablone zeichnen Sie nun auf der Außenseite der Tasche die Position für die Henkel an und nähen die Leder- oder Filzflicken auf.

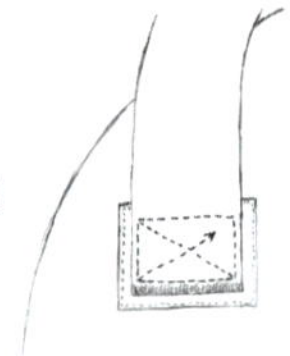

13 Das Gurtband an der Schnittkante mit Zickzackstich versäubern und auf die Flicken nähen.

14 Taschenfüßchen in den Ecken des Taschenbodens durch alle Lagen hindurchstechen und innen fixieren.

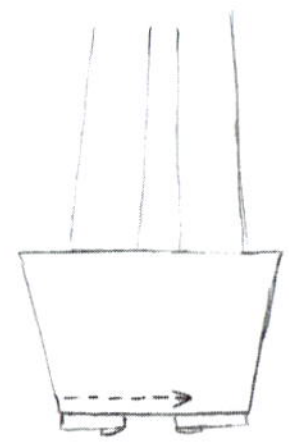

15 Die Futterteile zusammennähen: An den Teilen **Top** die Nahtzugabe an der Nahtlinie umlegen und bügeln, dann die zwei Teile mit den **Fronten** aus Futterstoff zusammennähen.

16 Alle Futter-Teile zusammenfügen: Zuerst die kurze Seite der **Front** exakt Mitte auf Mitte auf der Geraden des **Boden-Seite-Futters** fixieren, dann die Rundung entlang der Geraden von **Front** und **Top** verteilen, feststecken und absteppen.

Mir gelingt es fast nie, so rutschige Stoffe in Rundungen zusammenzunähen, ohne dass es kleinere Falten gibt. Wenn es hier nicht ganz perfekt wird, ist das nicht weiter schlimm – das Futter verschwindet später im Dunkel der Tasche und kleinere Nähfehler werden unsichtbar.

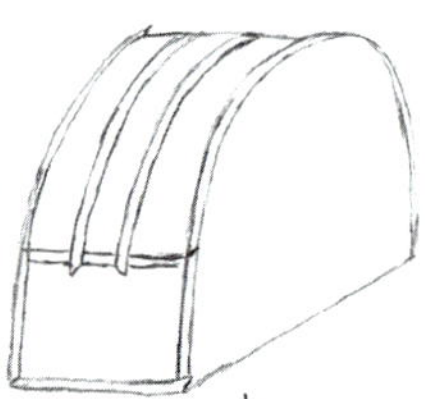

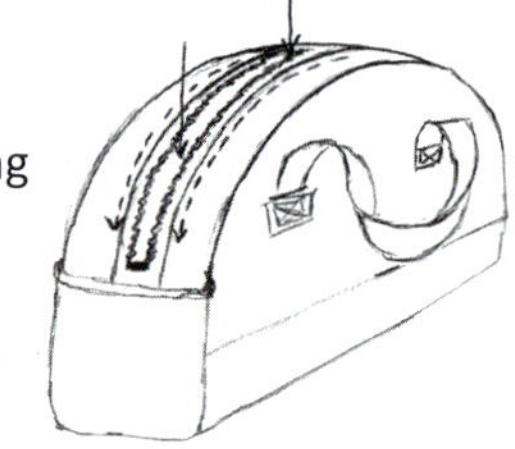

17 Das Futter in die Tasche stecken, die Nahtzugaben nach außen. Die Nahtzugaben von Tasche und Futter entlang der Rundung miteinander vernähen, das Futter ist dadurch in der Tasche fixiert und fällt nicht mehr zusammen. Entlang des Reißverschlusses nun die Bügelkante des Futters von außen feststecken und durch den Oberstoff hindurch feststeppen.

tolino
Platz. »Hat deine Freundin etwas darüber gesagt, wie
sie vorgehen will?«
Cery schüttelte den Kopf. Soneas

Tolino-Tasche *

Wer heute up-to-date sein will, der hat für die Badepausen nicht mehr unbedingt ein Buch dabei, sondern trägt seinen E-Reader mit sich herum. Dabei ist der Strand der natürliche Feind jeglicher Technik. Sand im Getriebe oder Salzwasserspritzer sind aber mit einer solchen Tolino-Tasche kein Thema mehr.

Schnitt-Teile:
Vorlagen von den Seiten 98 und 100 kopieren, zusätzlich ein Rechteck in den Maßen des E-Readers zuzüglich der Hälfte seiner Tiefe + 5 mm aufzeichnen und ausschneiden (ein Rechenbeispiel für den Tolino: Breite 11,5 x Höhe 16,6 x Tiefe 1,2 cm, das heißt das Rechteck muss mindestens die Maße 12,6 x 17,7 cm haben)

Material:
Oberstoff aus Baumwolle
Polsternder Füllstoff (z.B. dicker Baumwollflanell oder Polstervlies)
Futterstoff
Etwas Dekoration (Knopf, Filzblume etc.)
Großer Druckknopf

1 Das Rechteck für Vorderteil und Rücken je 2 x in Oberstoff (mit 2 cm *Nahtzugabe*, siehe Seite 89), Polsterstoff und Futter zuschneiden, das Schnitt-Teil für die Tasche 1 x in Oberstoff. Schneiden Sie sich 70 cm Schrägband aus Futterstoff zurecht und das Schnitt-Teil „Lasche" je 1 x aus Oberstoff und Futter.

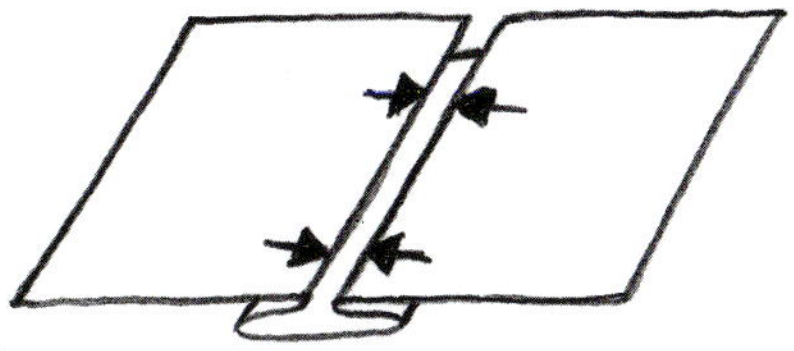

2 Das Stoffstück für die **Tasche** entlang der Linien so falten, dass eine Kellerfalte entsteht. Falte ca. 5 mm breit absteppen. Die obere Kante der **Tasche** (die ohne Nahtzugabe) *mit Schrägband einfassen* (Seite 92).

3 Für Vorderteil und Rücken der Tolino-Tasche die zugeschnittenen großen Rechtecke nehmen. Den Oberstoff rechts auf links auf das Futter legen, Polsterstoff von der anderen Seite auf das Futter legen. An einer kurzen Seite absteppen. Nahtzugabe des Polsterstoffes und des Futters auf 5 mm zurückschneiden, Naht aufbügeln und den Oberstoff umklappen. Der Polsterstoff sollte nun zwischen Futter und Oberstoff liegen. Von rechts durch alle 3 Lagen hindurch absteppen.

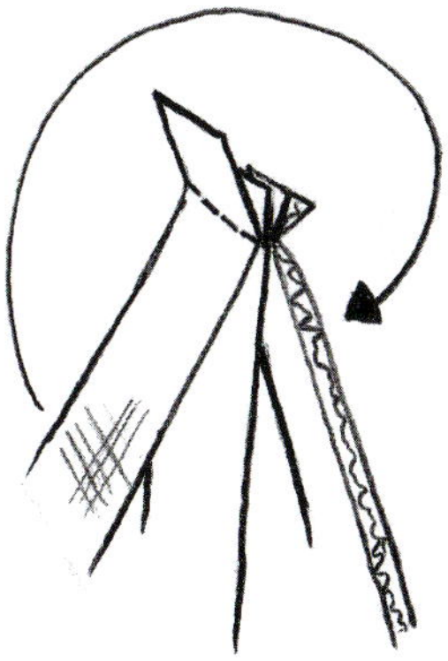

4 Für die **Lasche** Oberstoff und Futter links auf links aufeinanderlegen, absteppen. Nahtzugabe an der Rundung einschneiden. Wenden und so hinbügeln, dass eine hübsche Rundung entsteht. An einem der beiden Rechtecke oben festnähen (das ist jetzt die Rückseite).

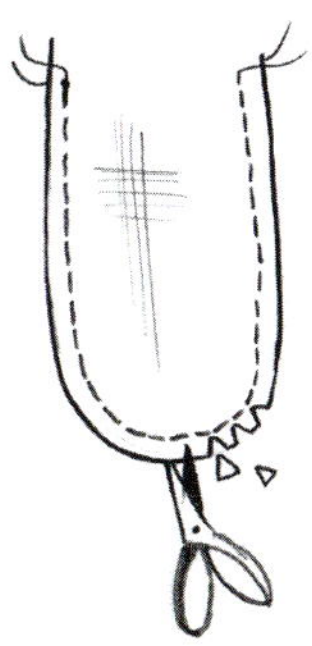

5 Die beiden Rechtecke links auf links aufeinanderlegen, die **Tasche** links auf rechts auf das Rechteck ohne **Lasche** legen. Zusammenheften und mit Schrägband einfassen.

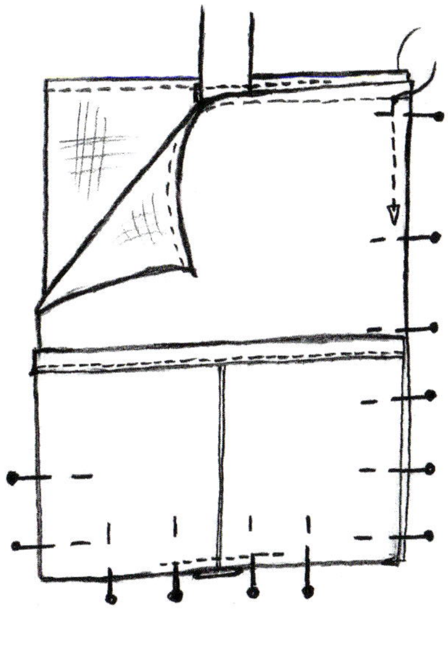

6 Die flache Seite des Druckknopfes auf dem Vorderteil festnähen (das ist das mit der **Tasche** drauf), die andere Hälfte des Druckknopfes auf der **Lasche** festnähen.

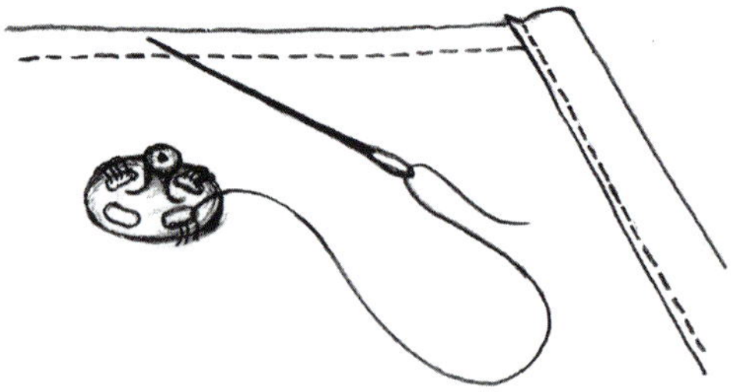

7 Als Dekoration für die **Lasche** eignen sich alle Arten von hübschen Knöpfen, aufbügelbaren Patches und Filzblumen. Alles kann man fertig kaufen, aber auch selbst machen.

8 Ich habe mich für eine Kombination entschieden aus einer selbstgenähten Blume im Kanzashi-Stil, einer japanischen Handarbeit, die an Origami aus Stoff erinnert. Das geht so:

- 5 Quadrate mit je 4 cm Kantenlänge ausschneiden.

- Jedes Quadrat diagonal falten,

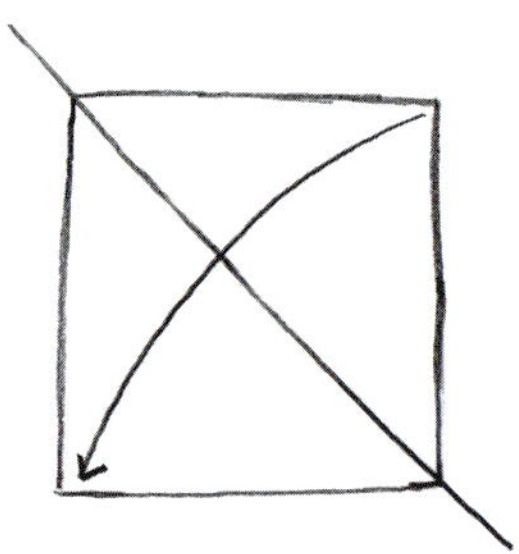

- dann die Ecken zur Spitze hin falten, so dass wieder ein Quadrat entsteht. Jede Falte immer stark kniffen, so dass sie in Form bleibt.

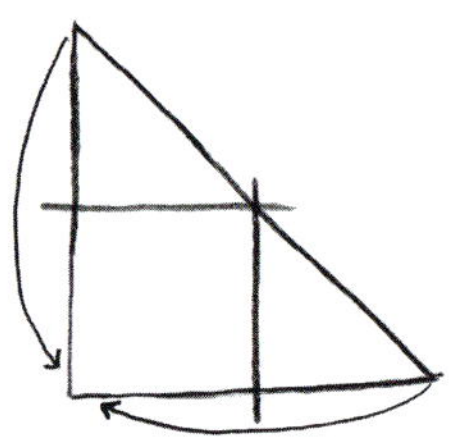

- Die Spitzen nach hinten wegfalten.

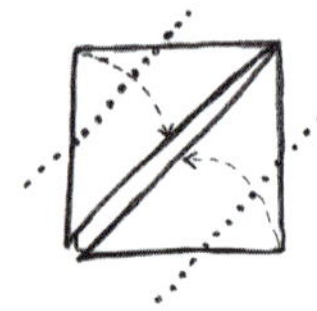

- Die ganze Arbeit entlang der offenen Kante nach hinten falten.

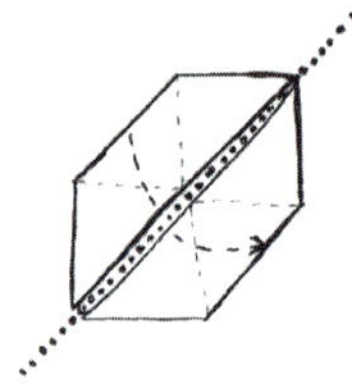

- Mit einer Nadel etwa auf der Mitte durch alle Lagen hindurchstechen und so alles fixieren. Eine Seite abschneiden.

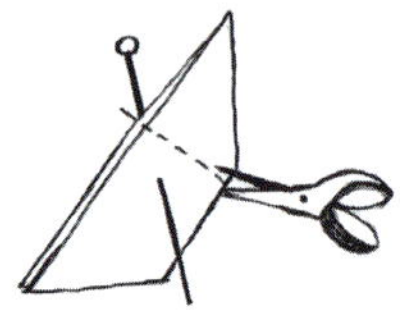

- Für jedes Quadrat diese Arbeitsschritte wiederholen, bis Sie 5 Blütenblätter aus Stoff haben.

- Fädeln Sie alle auf einen Faden. Anfang und Ende des Fadens werden miteinander verknotet. In die Blütenmitte einen kleinen Knopf (oder auch eine kleine Perle) aufnähen. Jetzt zupfen Sie die Blütenblätter noch etwas auseinander und in Form und nähen Ihre selbstgemachte Stoffblume auf.

tolino

Transportrolle **

Eine Transportrolle ist weit nützlicher, als man gemeinhin denkt. Denn wie oft hat man Dinge dabei, die nicht geknickt werden können oder sollen? Oder irgendetwas mit langen Stäben. Wenn Sie also gerne Drachen am Strand steigen lassen, Ihre eigene Kunst auf großen Papierbögen verewigen oder die Bassflöte durch die Gegend tragen, dann ist dieses schöne Stück für Sie das Richtige.

Schnitt-Teile:
Vorlagen von den Seiten 97 bis 100 kopieren, zusätzlich ein Rechteck mit den Maßen 53,5 x 24,5 cm

Material:
Oberstoff aus stabiler Baumwolle
Rupfen
Futterstoff
Klebevlies
Regenrohr mit ca. 7,5 cm Durchmesser, gekürzt auf 70 cm Länge
2 Kleine Metallösen 5mm
50 cm Kordel
Kordelstopper
Ca. 100 cm Gurtband, 4 cm breit
2 Metallösen mit Scheiben, 14 mm Durchmesser
2 D-Ringe 30 mm
2 Karabiner

1 Schneiden Sie das Schnitt-Teil **Kopf** je 1 x in Rupfen,Klebevlies und Futter zu, den **Fuß** je 1 x in Rupfen,Klebevlies und Futter. Den **Boden** benötigen Sie je 1 x in Rupfen, Klebevlies und Futter. Außerdem schneiden Sie das große Rechteck 1 x in Oberstoff zu und den **Verschluss** 1 x in Futter.

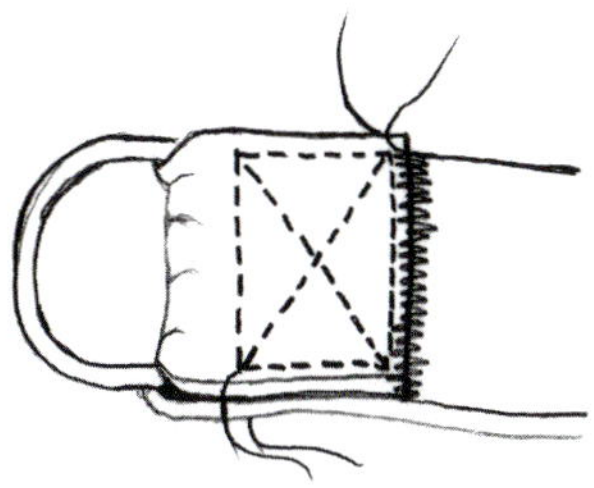

2 Das Gurtband mit einem Ende durch einen D-Ring fädeln, umlegen und absteppen, das Gleiche mit dem anderen Ende machen.

3 Die Teile für den **Kopf** miteinander verbinden: erst das Klebevlies auf den Rupfen bügeln, erkalten lassen, Trägerpapier abziehen, Futter aufbügeln. Mit den Teilen **Fuß** und **Boden** ebenso verfahren.

4 Für den **Verschluss** auf der langen Seite die beiden kleinen Metallösen an der markierten Stelle in den Stoff stanzen und die *Nahtzugabe* (siehe Seite 89) auf dieser Seite umbügeln. Dann die gleiche lange Seite an der eingezeichneten Umklapplinie einschlagen, wieder bügeln und knapp an der Kante absteppen.

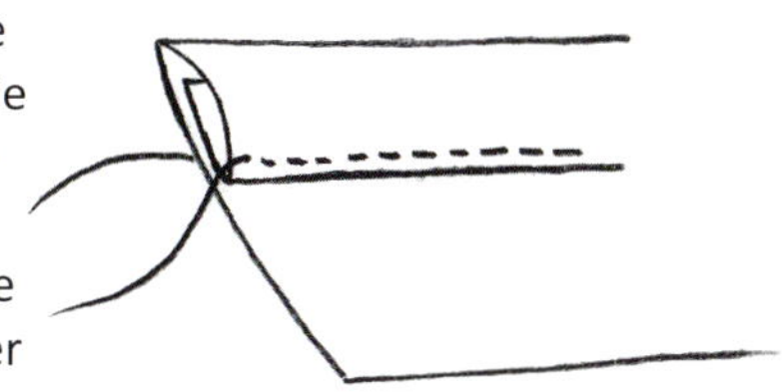

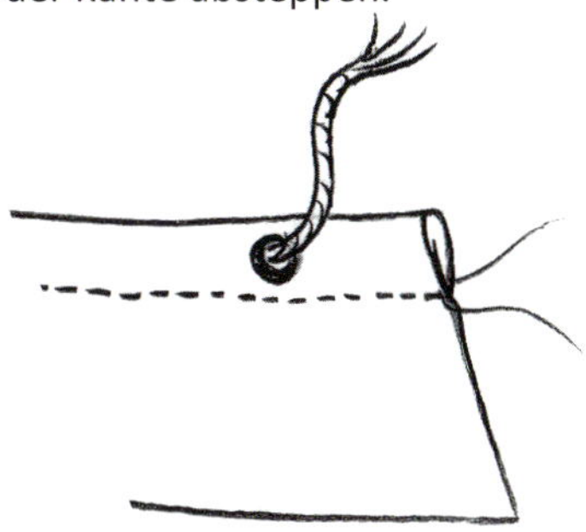

5 Die Kordel in den so entstandenen Tunnel einziehen.

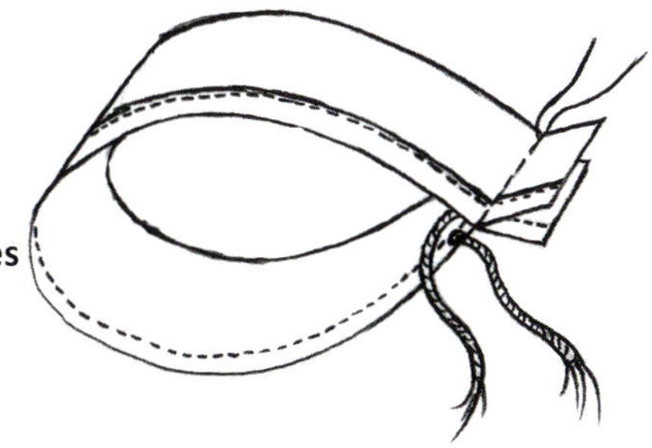

6 Die Naht des **Verschlusses** an der kurzen Seite schließen und die Arbeit wenden.

7 Den **Kopf** rechts auf rechts auf die kurze Seite des großen Rechtecks steppen, den **Fuß** an der gegenüberliegenden Seite ebenfalls. Dabei nicht in die Nahtzugaben nähen, sondern jeweils nur bis zur Nahtlinie 1.

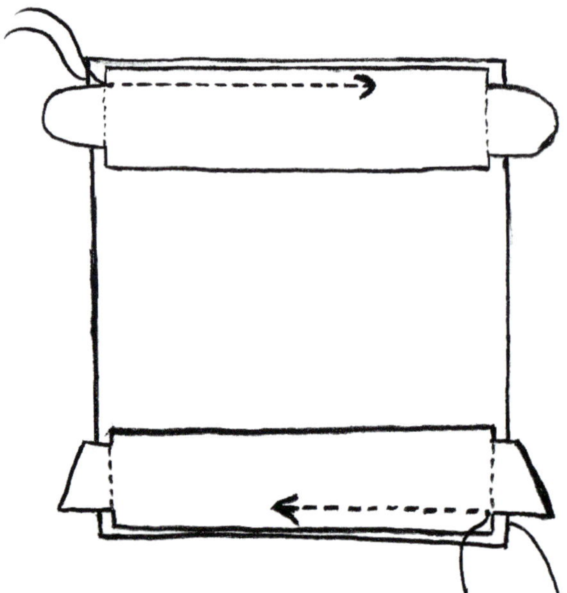

Die Nahtzugaben zum Oberstoff hin umbügeln und von der Außenseite durch alle Lagen feststeppen.

8 Das große Rechteck rechts auf rechts zusammenlegen und an der langen Seite mit einer Naht schließen. Naht auseinanderbügeln.

9 Die Arbeit auf rechts wenden und die Rupfenteile vom **Kopf** links auf links zusammenlegen und auf der Nahtlinie zusammensteppen. Mit dem **Fuß** ebenso verfahren.

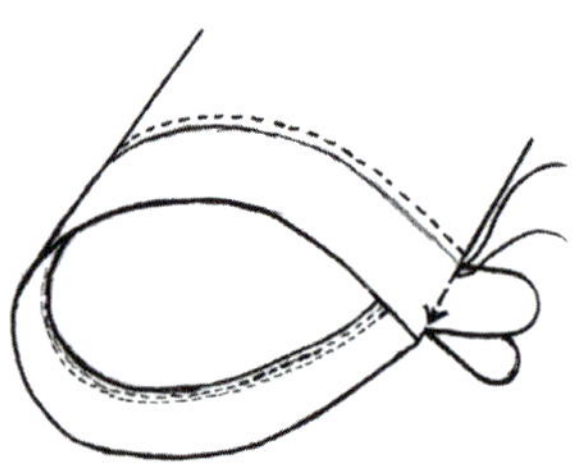

10 Die Arbeit auf links wenden und den **Boden** in die Öffnung vom **Fuß** einpassen, feststecken und absteppen.

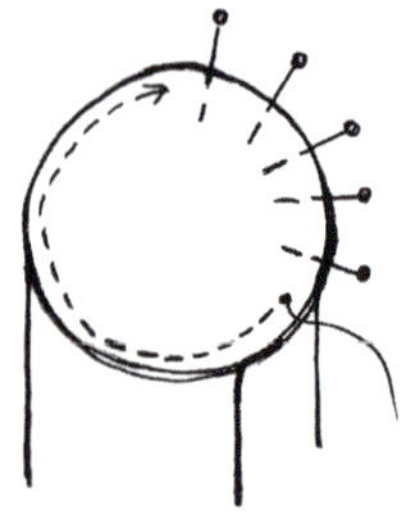

11 Den **Verschluss** rechts auf rechts auf den **Kopf** legen und festnähen.

12 Wieder wenden und die Kanten von **Kopf** und **Fuß** *mit Schrägband einfassen* (siehe Seite 92). Je eine große Metallöse in **Kopf** und **Fuß** einschlagen.

13 Das Rohr mit der Stoffarbeit beziehen.

14 Die Karabiner in die großen Ösen einfädeln und die D-Ringe oben und unten einhängen.

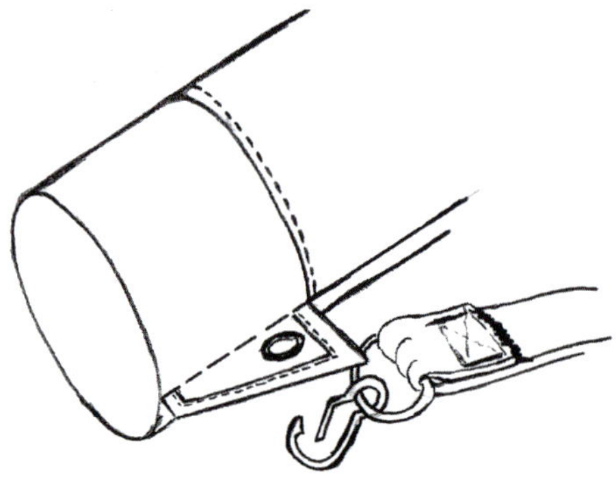

15 Die Kordel vom Verschluss durch den Stopper ziehen und die Enden mit einem Knoten sichern.

Ballonmütze ★★★

Warum eigentlich „nur“ Taschen? Passend zum Set hier eine Künstler-Mütze. Mit Schirm gegen die helle Sonne, mit viel Platz unter dem Ballon zum Auffangen verrückter Ideen. Wenn Sie Stoff übrig haben, dann verzieren Sie Ihren Style. Mit einem Kropfband, mit Armbändern, vielleicht einem Schal, oder eben: einer Mütze.

Schnitt-Teile:
Vorlagen von den Seiten 100 und 101 kopieren, zusätzlich einen schmalen Streifen mit den Maßen 62 x 2,5 cm und einen breiten Streifen 7 x 62 cm aufzeichnen, auf der langen Seite jeweils die Mitte markieren und ausschneiden, sowie einen Kreis mit 62 cm Umfang (9,9 cm Radius).

Material:
Oberstoff
Futterstoff
Ca. 1 mm starke Aufbügeleinlage
15 cm Gummiband
Etwas Deko (Filzblume, hübscher Knopf, o.ä.)
Kleiner Knopf

1 Schneiden Sie das Schnitt-Teil **Ballon** 8 x in Oberstoff zu, den schmalen Streifen 2 x in Oberstoff. Das Schnitt-Teil **Schirm Oberseite** 1 x in Oberstoff und 1 x in Einlage ohne *Nahtzugabe* (siehe Seite 89) zuschneiden, das Teil **Schirm Unterseite** 1 x in Futter und 1 x in Einlage, ebenfalls ohne Nahtzugabe zuschneiden. Den Kreis und den breiten Streifen benötigen Sie je 1 x in Futter.

2 Rollen Sie ein Frottee-Handtuch zu einer engen Rolle und stecken Sie es mithilfe eines Küchen-Handtuchs auf Ihrem Ärmel-Bügelbrett fest. Hierauf legen Sie nun die beiden Einlage-Halbmonde für den Mützenschirm aufeinander. Dabei liegt die **Unterseite** unten, die **Oberseite** darauf, die Klebeseiten zeigen zueinander. Rundbügeln: Fangen Sie in der Mitte an (WICHTIG!), ziehen Sie die Spitzen auf Ihrer Bügel-Rolle

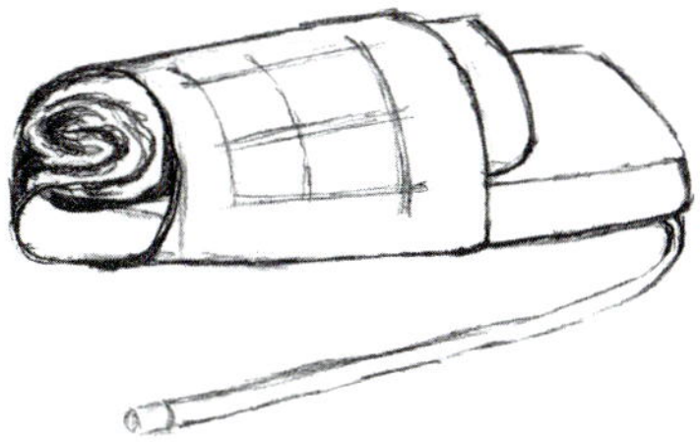

immer schön nach unten, und versuchen Sie, die Außenkanten der beiden Stoffteile während des Bügelns möglichst exakt aufeinander zu bringen. Ist der Mützenschirm am Schluss schön gerundet, dürfte an der Außenrundung maximal 1 mm Material einlagig überstehen – das können Sie einfach abschneiden.

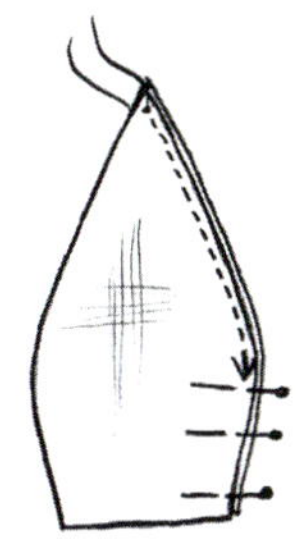

3 Die 8 Einzelteile **Ballon** nacheinander von der Spitze aus aneinandernähen. Die Nahtzugabe an den Rundungen einschneiden, um die Spannung aus dem Stoff zu nehmen.

4 Anschließend die Nähte auseinanderbügeln und von außen ca.2 mm breit absteppen.

5 An die offene Kante des Mützenballons rechts und links der eingezeichneten Nahtlinie jeweils eine Naht setzen, die dann später zum leichten *Einkräuseln* (siehe Seite 90) benutzt wird (siehe Zeichnung zu Punkt 8).

6 Für das Innenfutter der Mütze den breiten Streifen an der schmalen Seite doppelt legen und absteppen. Den Kreis aus Futterstoff einpassen und annähen.

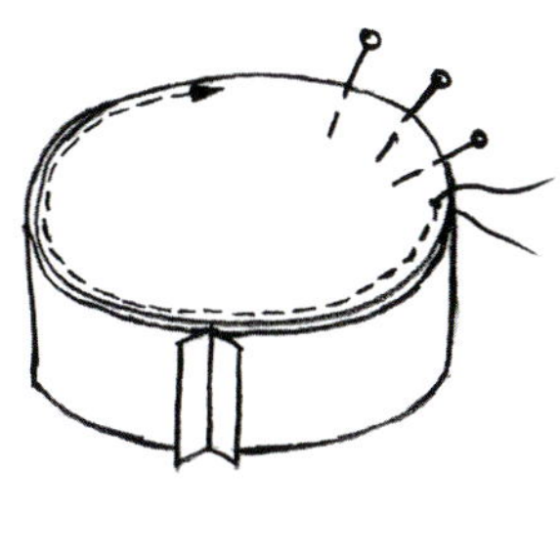

7 Jeden schmalen Streifen aus Oberstoff jeweils rechts auf rechts aufeinanderlegen und an der schmalen Seite schließen.

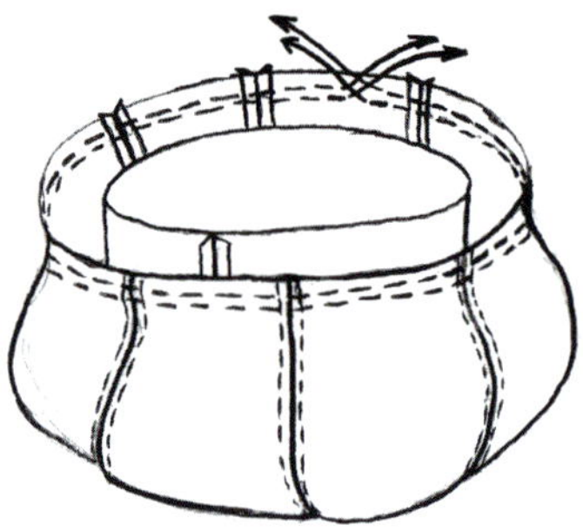

8 Futter und Mützenballon links auf links aufeinanderlegen. Die Weite des Mützenballons mithilfe der Einkräusel-Nähte an die Weite des Futters anpassen.

9 Den einen schmalen Streifen rechts auf rechts an den Mützenballon anlegen, den anderen schmalen Streifen rechts auf rechts an das Futter anlegen. Durch alle Lagen absteppen.

10 Die Mütze an den Kopfumfang anpassen: Das Gummiband wird ohne Spannung an zwei Punkten rechts und links der rückwärtigen Mitte im inneren schmalen Streifen angenäht. So reduziert es die Weite der Mütze. Wählen Sie die Punkte so, dass die Mütze mit möglichst wenig Spannung so fest wie nötig auf dem Kopf sitzt.

11 Beim Schirm-Oberteil aus Oberstoff eine normale Naht entlang der äußeren Rundung setzen. Sinn davon ist es, „die Weite einzuhalten", also zu verhindern, dass sich der Stoff zu sehr dehnt.

12 Die beiden Schirmteile aus Ober- und Unterstoff rechts auf rechts aufeinanderstecken. Dabei die Weite des Oberteils mithilfe der zuvor gesetzten Naht an die des Unterteils anpassen, so dass beide Rundungen exakt aufeinander passen. Absteppen entlang der Außenrundung. Die Nahtzugabe einschneiden, um die Spannung aus dem Stoff zu nehmen, Naht auseinanderbügeln, die Nahtzugabe auf den Futterstoff bügeln und ca. 3 mm von der Naht entfernt am Futter feststeppen.

13 Die Einlage in die entstandene Stofftasche stecken, Stoff stramm darüber ziehen. Die Einlage sitzt richtig im Bezug, wenn der Stoff schön stramm über der Einlage gespannt ist, und auf der inneren Rundung die Nahtzugabe ungefähr gleichmäßig übersteht. Mit dem entsprechenden Nähmaschinenfüßchen den Bezug auf der Innenrundung mit Spannung absteppen.

14 Den Mützenschirm rechts auf rechts von der Mittenmarkierung ausgehend auf den äußeren schmalen Streifen nähen.

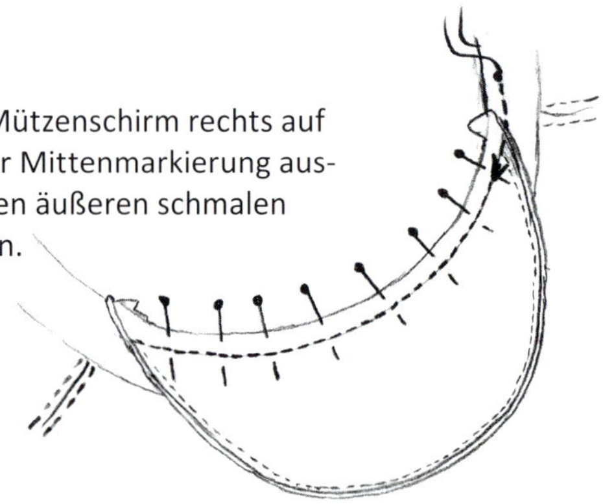

15 Die Nahtzugaben an der offenen Kante der schmalen Streifen einklappen und bügeln, so dass saubere Kanten entstehen, dann aufeinanderlegen und rundherum etwa 2 mm breit absteppen.

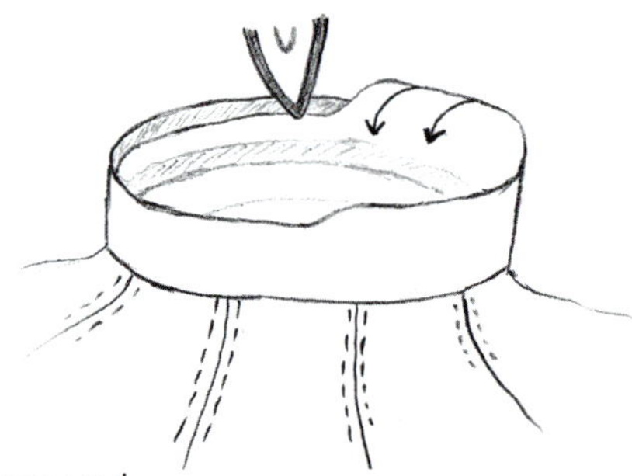

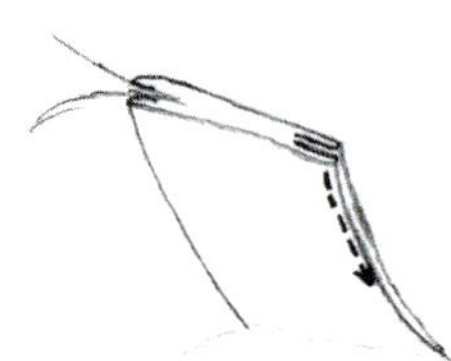

16 Ich habe zur Verzierung hier wieder eine Kanzashi-Blüte gebastelt (Seite 18) und mit einem hübschen Knopf und einer gekauften Filzblüte kombiniert. Die Deko könnte aber auch ein Pompom oder ein dekorativer Knopf sein, der Fantasie sind keine Grenzen gesetzt. Bei der Befestigung von innen einen kleinen Knopf gegennähen, damit das Futter am Mützenballon befestigt ist, aber nicht ausreißen kann.

Glitzer Royal

Königlich geht es weiter: elegante Beige-Töne kombiniert mit Pink-Glitzer und Gold-Prunk. Dazu herrschaftliche Applikationen mit Wappen und Kronen. Was ursprünglich für meine Jüngste gedacht war, und aus deren Spielzeug-Style entstand, gefiel so gut, dass es ein wenig erwachsener wurde.

Engel

Palasttasche ***

Sich zu verstecken ist Sache dieser Handtasche nicht. Mit einer Handtasche wie dieser haben Sie einen ganz dezent fürstlichen Auftritt. Ohne groß aufzutragen, aber mit dem gewissen Etwas. Ein raffiniertes Innenleben kommt noch dazu: Eine gut gepolsterte Innentasche schützt das iPad.

Schnitt-Teile:
Vorlagen von den Seiten 102 und 103 kopieren, zusätzlich diese rechteckigen Taschenteile:
Taschenkörper 52,5 x 26 cm
Innentasche 55 x 35 cm
Taschen-Futter 34 x 26 cm
Riemen 85 x 4 cm

Material:
Drei Sorten Stoff mit Glamour-Faktor, ich habe mich hier entschieden für:
Naturweißes Kunstleder
Goldfarbener Dekostoff mit Reptilienprägung
Als Futter: Waffelpikee in Pink
1 cm dickes Volumenvlies
Textilkleber
Aufbügelpatch
2 D-Ringe 3cm breit
Garn in Pink und Naturweiß

1 Aus dem Kunstleder diese Schnitt-Teile zuschneiden: 2 x **Seite**, 2 x **Lasche**, 1 x **Klappe**, 1 ^vx **Riemen** und einen schmalen, 29 cm langen Streifen mit 4,5 cm Breite, der später wie Schrägband verwendet wird. Aus dem Goldstoff werden diese Teile zugeschnittcn: 1 x **Taschenkörper**, 65 cm Schrägband und 1 x **Riemen**. Aus Futterstoff brauchen Sie die Schnitt-Teile **Klappe** 1 x, 1 x **Taschenfutter**, 2 x **Seite**, 2 x **Innentasche**, 1 x **Riemen**. Aus dem Volumenvlies schneiden Sie das Schnitt-Teil **Innentasche** 1 x zu.

2 Legen Sie die 3 zugeschnittenen Teile **Innentasche** in der Reihenfolge Stoff – Volumenvlies – Stoff aufeinander, jeweils die rechte Stoffseite nach außen. Von der Mitte aus steppen Sie diagonal zum Fadenlauf im Abstand von ca. 4,5 cm durch alle drei Lagen (vorher anzeichnen, damit die Linien auch wirklich parallel laufen). Es entsteht ein Rautenmuster. Kleiner Tipp: zuerst von Hand jeweils in der Mitte beginnend mit großen Stichen in gerader Linie nach außen heften. Dabei so vorgehen, als würden Sie einen Stern zeichnen.

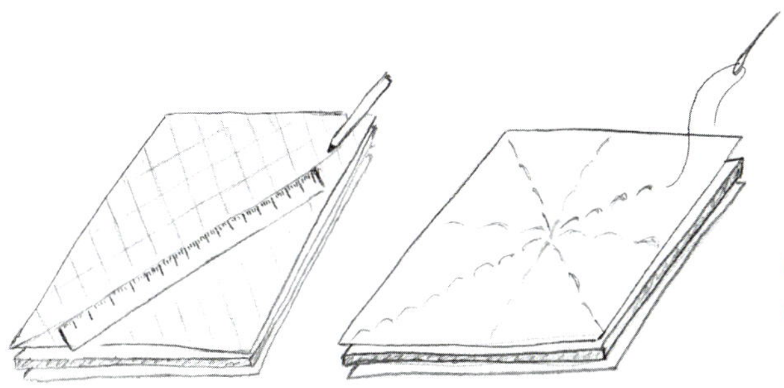

3 Das fertig abgesteppte Teil nun auf 26 x 44 cm zzgl. rundum 1,5 cm Nahtzugabe beschneiden. Eine kurze Seite des entstandenen Rechtecks mit dem Kunstleder-Streifen einfassen. Das Rechteck so falten, dass die eingefasste Seite etwa 21 cm hoch ist. An den Seiten 1,5 cm breit absteppen.

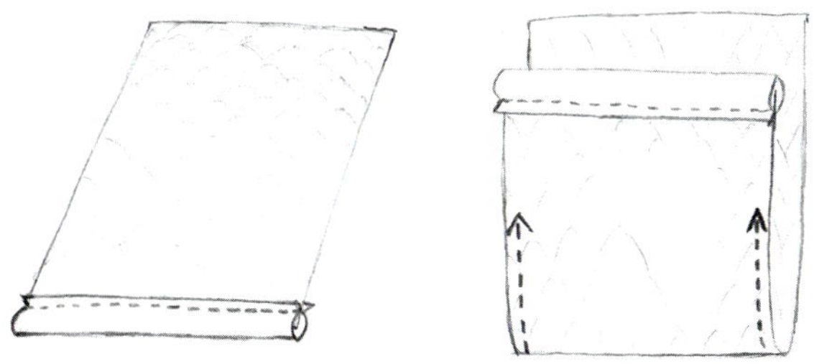

4 Die Teile **Seite** aus Kunstleder und **Taschenkörper** aus Goldstoff rechts auf rechts aufeinanderstecken und feststeppen. Tasche auf rechts wenden.

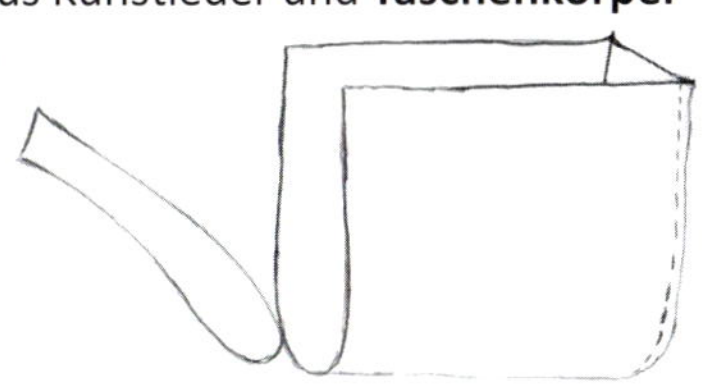

5 Das Teil **Taschen-Futter** von Hand an den Bruch (siehe *Stoffbruch*, Seite 88) der Innentasche annähen, dann die Teile **Seite** aus Futterstoff einsetzen. Das Futter nicht wenden.

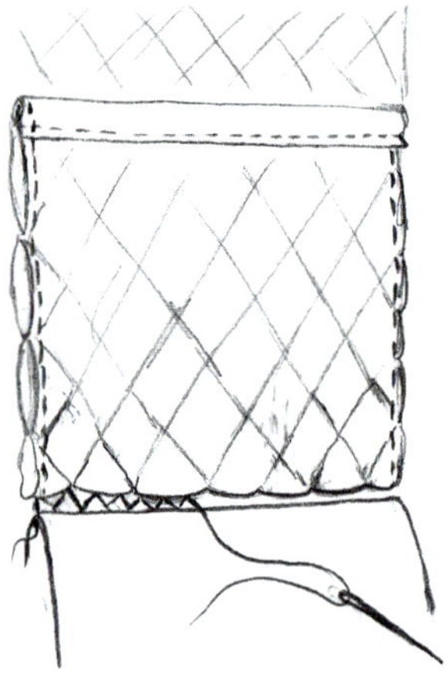

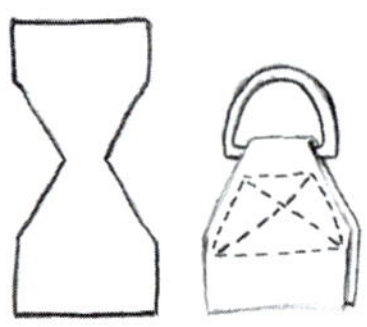

6 Die **Lasche** an der schmalen Seite doppelt nehmen, den D-Ring einfädeln und die Laschenhälften miteinander vernähen. Mit der zweiten **Lasche** ebenso verfahren.

7 Die Laschen auf dem rechten und linken Seitenteil aus Kunstleder feststecken, dafür an den offenen Kanten rechts auf rechts aufeinanderlegen, die D-Ringe zeigen zum Taschenboden. 1 cm breit absteppen.

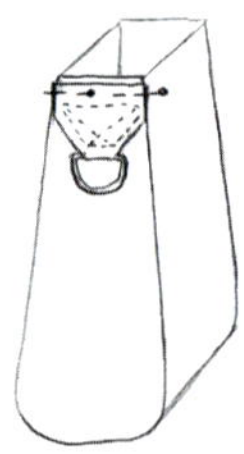

8 Die Teile **Klappe** aus Futter und Kunstleder links auf links aufeinanderlegen, 3 mm breiten absteppen, dann auf drei Seiten mit dem goldenen *Schrägband einfassen* (siehe Seite 92).

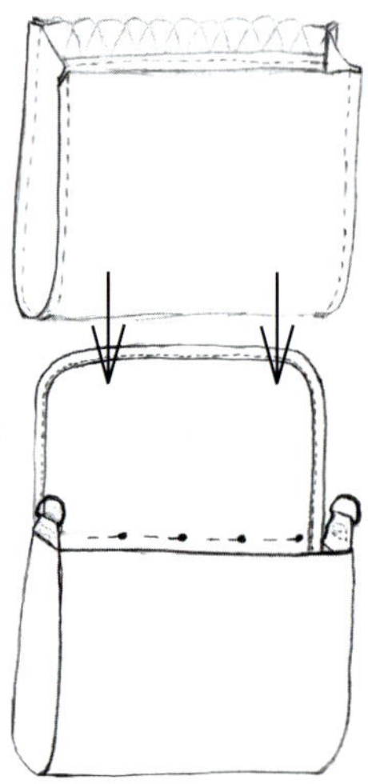

9 An den offenen Kanten von **Futter** und **Tasche** jeweils die Nahtzugabe nach links umklappen und bügeln bzw. kniffen, um sie an Ort und Stelle zu halten, ggfs. feststecken. Die **Klappe** dabei an der hinteren Taschenkante mitfassen. Das Taschenfutter in die Tasche stecken, die umgeklappten Nahtzugaben aufeinanderlegen und feststecken. Tasche und Futter entlang der eingeklappten Nahtzugabe 5 mm breit an allen vier Seiten zusammennähen.

10 Die 2 Teile **Riemen** aus Stoff längs mittig falten und Bruch gut bügeln, den Kunstleder-Riemen so längs falten, dass eine Seite 1 cm übersteht, Bruch kniffen. Den pinkfarbenen Stoff etwa 3 mm über den goldenen hinausragen lassen, die offenen Kanten von beiden Stoffen in den Bruch des Kunstleders stecken und die drei Stoffe mit drei Nähten durch alle Lagen aufeinandersteppen.

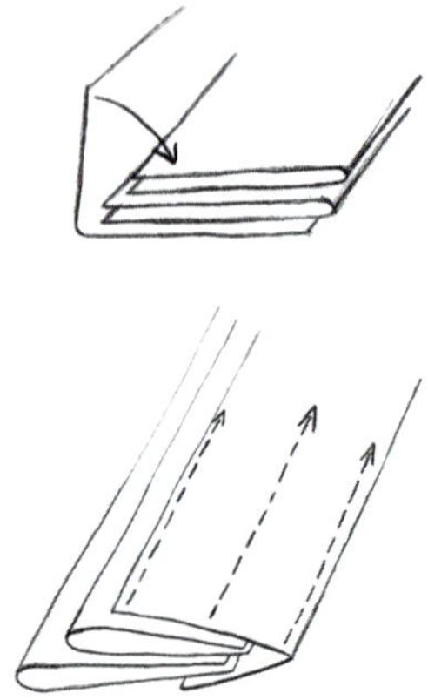

11 Den Riemen durch die D-Ringe fädeln, umklappen und auf der gewünschten Länge festnähen.

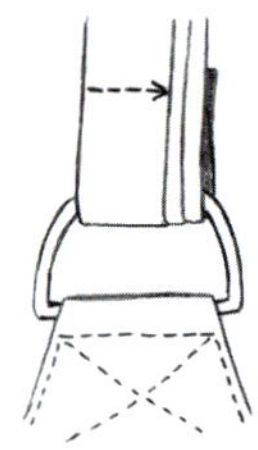

12 Zuletzt die Klappe verzieren, zum Beispiel so: das Schnittteil **Oval** ausschneiden, darauf das Patch aufbügeln. Aus einem Rest des pinkfarbenen Stoffes ein Oval ausschneiden, das rundherum 5 mm größer ist als das goldene, beides aufeinandersteppen. Mit Textilkleber auf die Klappe kleben und noch einmal rundherum absteppen.

Yogamatten-Tasche **

Die meisten Mädels meiner Yoga-Gruppe tragen ihre Matten unter dem Arm mit sich herum. Bei Regenwetter ist das nicht ganz so toll. Daraus entstand die Idee, eine solche Tasche zu kreieren. Sie ist nicht nur nützlich, sondern auch hübsch anzuschauen. Sie stimmen mir sicherlich zu ...

Schnitt-Teile:
Boden Kreis, 10 cm Radius
Fuß 12 x 57 cm
Mitte 35 x 57 cm
Kopf 30 x 57 cm
Futter 77 x 57 cm
Streifen 3 x 57 cm
Stopper 13 x 3 cm
Riemen 110 x 4 cm

Material:
Naturweißes Kunstleder
Goldfarbener Dekostoff mit Reptilienprägung
Rosa Pink gemusterter Brokat
Rosa Satin
D-Ring 4 cm
Schnalle zur Längenregulierung des Trageriemens
8 goldfarbene Ösen (10 mm Durchmesser)
1 m goldene Kordel
Garn in Pink und Naturweiß

1 Je 1 x **Boden**, **Fuß** und **Kopf** in Kunstleder zuschneiden, **Futter** und **Boden** je 1 x in Satin und Mitte 1 x in Brokat. Aus dem goldenen Dekostoff 2 x **Streifen** und 1 x **Stopper** zuschneiden. Den **Riemen** je 1 x in Gold, Satin und Kunstleder zuschneiden.

2 Die 2 Teile **Riemen** aus Stoff längs mittig falten und den Bruch (siehe *Stoffbruch*, Seite 88) gut bügeln, den Kunstleder-Riemen so längs falten, dass eine Seite etwa 1 cm übersteht, Bruch kniffen. Den Satin etwa 3 mm über den goldenen Stoff hinausragen

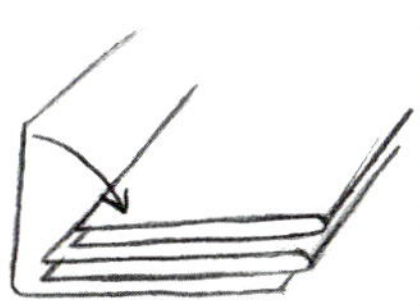

lassen, die offenen Kanten von beiden Stoffen in den Bruch des Kunstleders legen und die drei Stoffe mit drei Nähten durch alle Lagen aufeinandersteppen.

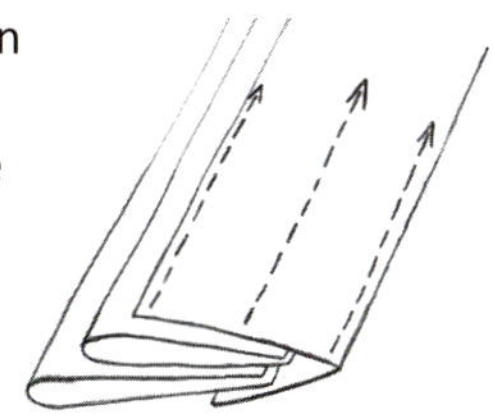

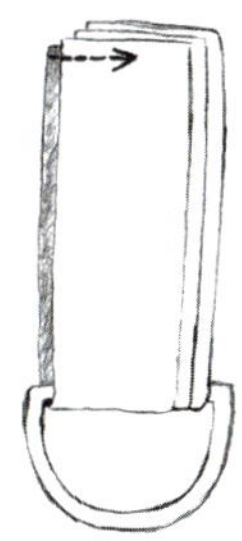

3 Für den unteren Gurt 15 cm vom Riemen abschneiden, den D-Ring einfädeln, doppelt legen und 5 mm breit in der Nahtzugabe aufeinander feststeppen.

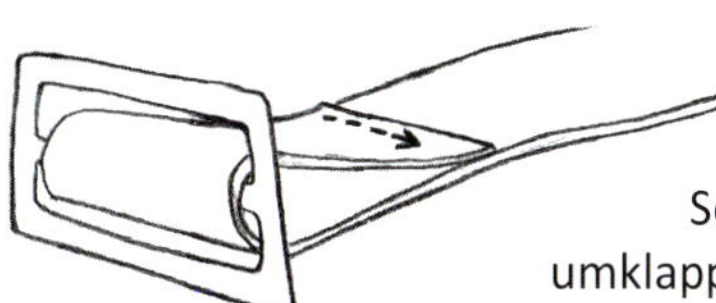

4 Für den Tragegurt den Riemen um den Steg der Schnalle legen, umklappen und absteppen. Dann den Riemen durch den D-Ring des unteren Gurtes führen und wieder durch die Schnalle fädeln.

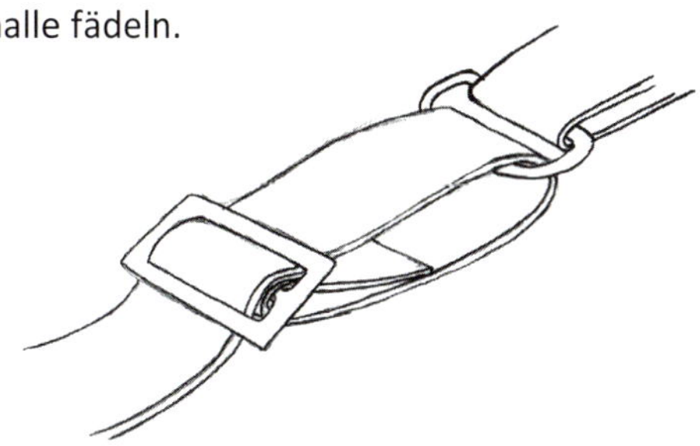

5 Das **Futter** an der langen Seite schließen und den **Boden** aus Satin einsetzen. Die obere Nahtzugabe nach außen umschlagen und bügeln.

6 Einen goldenen **Streifen** links auf rechts auf den Fuß aus Kunstleder legen und in der Nahtzugabe mit großen Stichen festnähen. Die noch freie Nahtzugabe des goldenen Streifens nach innen umklappen und feststeppen. Ebenso mit dem Teil **Kopf** und dem zweiten Streifen verfahren.

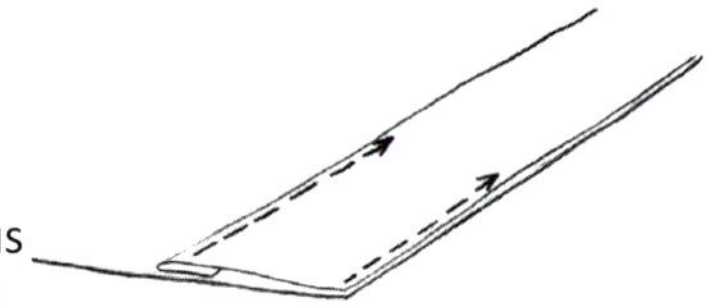

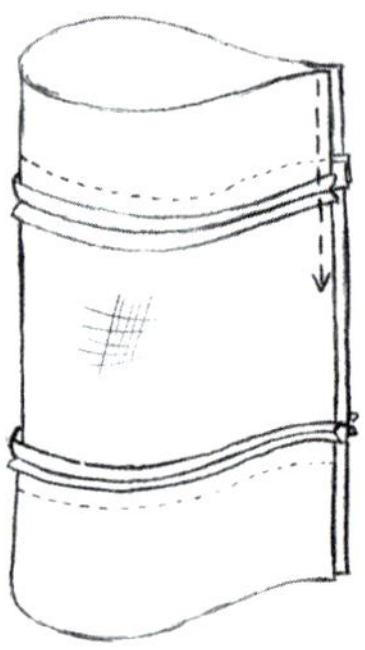

7 Den **Kopf** mit der goldenen Seite rechts auf rechts auf das **Mitte**-Teil legen und durch die drei Stofflagen steppen. Ebenso mit dem Teil **Fuß** verfahren. Dann das ganze Stück an der langen Seite schließen, dabei das lange Ende des Riemens am oberen Goldstreifen mitfassen.

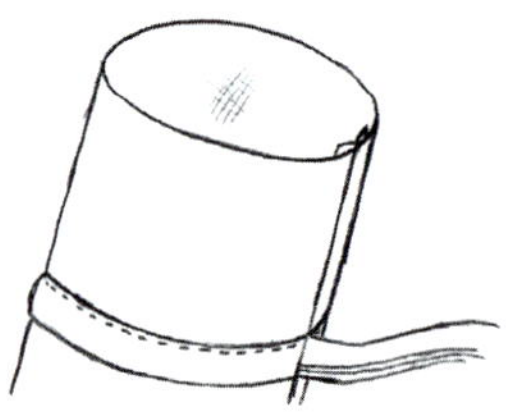

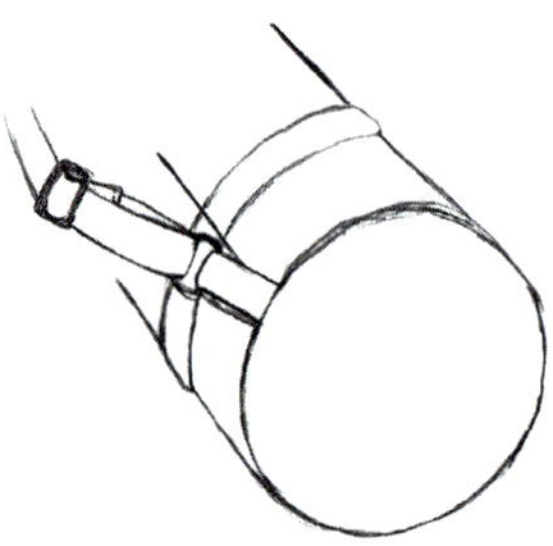

8 Den **Boden** aus Kunstleder einsetzen. In die Boden-Naht den unteren Gurt einarbeiten. Die ganze Tasche wenden, die obere Nahtzugabe nach innen einschlagen und kniffen.

9 Das Futter in die Tasche stecken und die Nahtzugaben der Böden miteinander vernähen. Dann die oberen Kanten mit den eingeschlagenen Nahtzugaben aufeinanderlegen und von außen durch alle Lagen hindurch steppen.

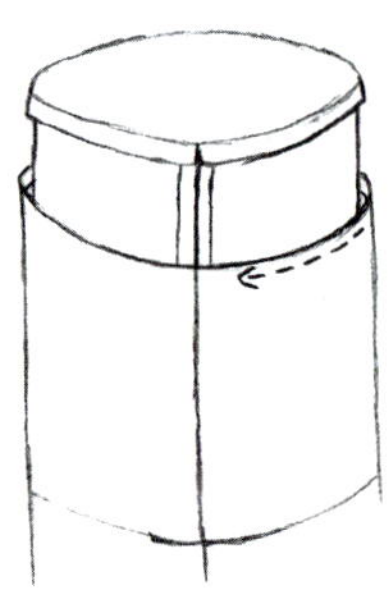

10 Für den **Stopper** die Nahtzugaben rundum einschlagen und die Kanten bügeln. Von außen zur Mitte hin einschlagen und mit zwei Nähten möglichst knapp fixieren. Der Stopper sieht nun aus wie eine liegende Acht.

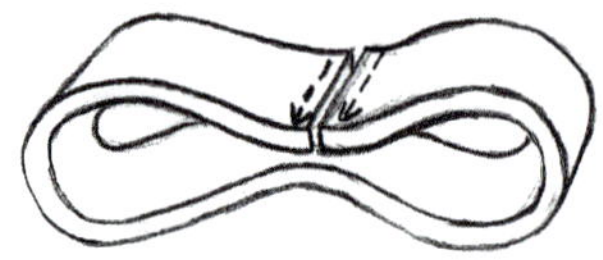

11 Die Ösen 8 cm vom oberen Rand entfernt mit einem Abstand von 7 cm zueinander (immer zum Mittelpunkt der Öse gemessen) einschlagen.

12 Die Kordel durch die Ösen ziehen, so dass die Enden außen liegen. Jedes Kordel-Ende durch eine Öffnung im Stopper fädeln und auf die Enden jeweils einen Knoten setzen.

Um die aufgerollte Yogamatte möglichst bequem in die Tasche hinein- und herauszubekommen, nähen Sie sich am besten einen zweiten Riemen und verwenden ihn dazu, Ihre aufgerollte Matte zu fixieren. Dafür zwei D-Ringe auf ein Ende fädeln, den Riemen umschlagen und feststeppen, das andere Ende des Riemens spitz zuschneiden und mit einem engen Zickzackstich versäubern.

Feine Ordner-Hülle *

Ordner sind eigentlich ziemlich unansehnlich. Zwar sind die modernen nicht mehr so grau wie die, die ich noch zu Schulzeiten nutzte, aber persönlicher sind sie nicht geworden. Abhilfe schafft eine Ordner-Hülle wie diese hier. Ein hübscher Grundstoff, ein paar Applikationen, und ganz schnell wird aus einem Arbeitsmittel ein Hingucker!

Schnitt-Teile:
Außenhülle 63.5 x 32 cm
Innenseite 22,5 x 32 cm
Rechtwinkliges Dreieck mit 11 cm Kantenlänge (Ecke)

Material:
Oberstoff mit Glamour Faktor
Kontrast-Stoff z.B. in Gold
Aufbügelbare Patches, Pailletten-Sterne und ähnliches Glitzerzeug zum Verzieren
Nähgarn farblich passend zum Oberstoff

1 1 x **Außenhülle** und 2 x **Innenseite** aus dem Oberstoff zuschneiden, aus dem Kontrast-Stoff 4 **Ecken** zuschneiden.

2 Die **Innenseiten** jeweils auf einer Seite versäubern (5 mm einklappen, bügeln, dann noch einmal 1 cm einklappen und knappkantig absteppen).

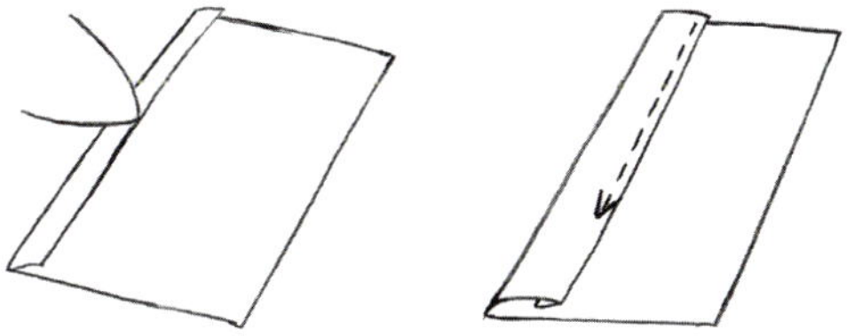

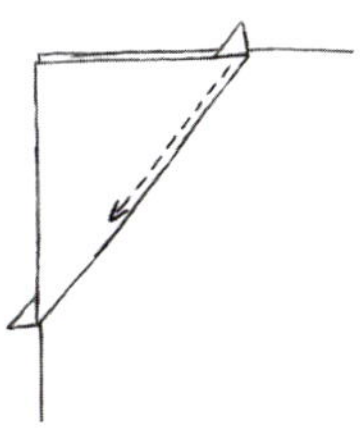

3 Die Nahtzugaben an den langen Seiten der Dreiecke einklappen und bügeln. Auf die äußeren Ecken der Außenhülle stecken und feststeppen.

4 **Innenseiten** rechts auf rechts auf die **Außenhülle** legen, dabei auch die Nahtzugaben der Dreiecke mitfassen, feststecken und durch alle Lagen steppen.

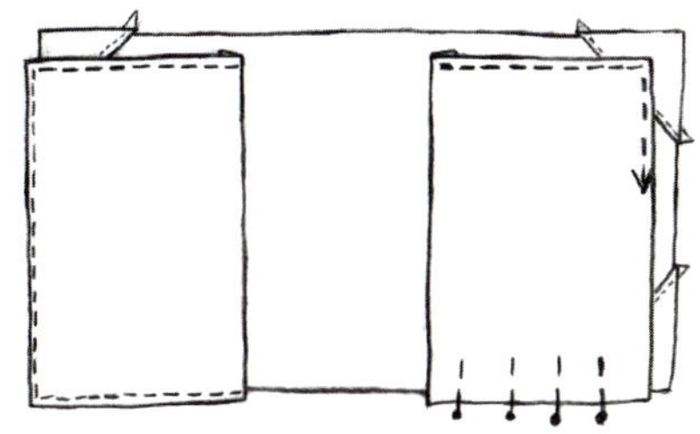

5 Arbeit wenden und die noch freien Nahtzugaben der **Außenhülle** (dort wo später der Rücken des Ordners sein wird) nach innen umklappen und feststeppen.

6 Die Dekoelemente platzieren und aufbügeln bzw. aufnähen.

7 Den Ordner in die Hülle schieben und den Stoffüberzug zurechtzupfen.

Auf den Innenseiten können Sie mit einem Gummiband Schlaufen einarbeiten, in die man Stifte, Radiergummis und anderes Arbeitsgerät einschieben kann.

Kosmetikmäppchen * und Handysocke *

Die Chance steckt im Detail: Wer auf die Kleinigkeiten achtet, dem gelingt auch das große Ganze. Diese Mini-Taschen für ein paar Kosmetikartikel und das Handy im eigenen Style gehören einfach dazu. Und sie sind so schnell gemacht ...

Kosmetikmäppchen

Schnitt-Teile:
Vorlage von Seite 103 kopieren, zusätzlich diese rechteckigen Taschenteile:
Rechteck 36 x 20 cm
Tasche 1: 9 x 8 cm
Tasche 2: 4,5 x 13 cm

Material:
Oberstoff Brokat
Futterstoff
Einlage
70 cm Gummilitze
90 cm Satinband
Nähgarn in Pink und Naturweiß

1 Aus dem Brokat und aus der Einlage je 1 x das Rechteck zuschneiden, aus dem Futterstoff alle Teile je 1 x zuschneiden, die **Taschenklappe** 2 x.

2 Die Einlage auf die linke Seite des Futterstoffs bügeln.

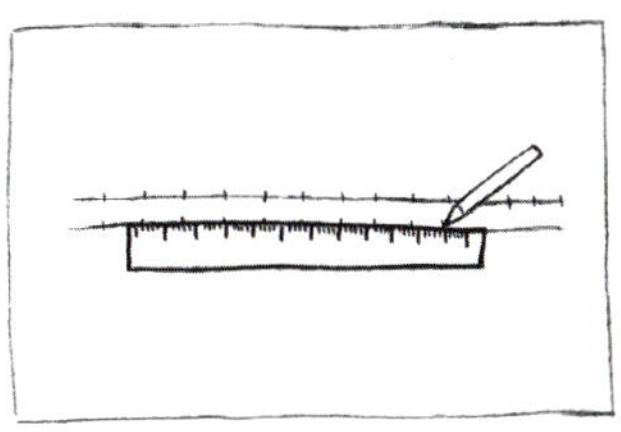

3 Auf die rechte Seite des Futterstoffs zwei parallele Linien aufzeichnen, darauf jeweils einen Abstand von 2 cm markieren, beginnend 3,5 cm vom rechten Rand. Die Gummilitzen mit einer Schlaufe beginnen lassen, dann immer 2,5 cm Gummilitze auf den 2-cm-Markierungen fixieren, dadurch entstehen Schlaufen.

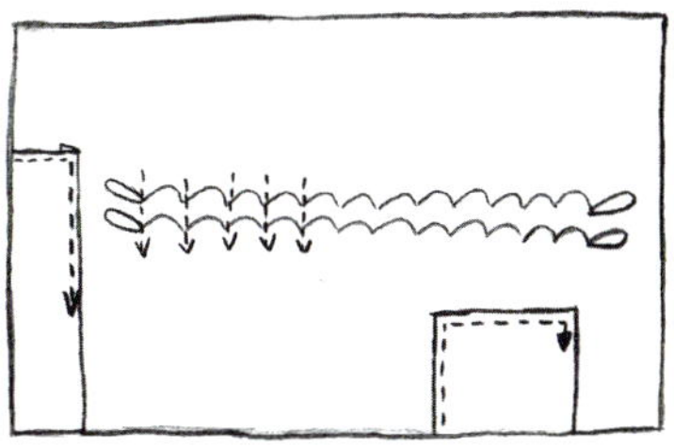

4 Die Nahtzugaben der **Tasche 1** an drei Seiten umbügeln, nach unten offen lassen. An beliebiger Stelle auf den Futterstoff stecken und feststeppen. Für die Taschenklappe die zwei Stoffstücke auf drei Seiten miteinander *verstürzen* (siehe Seite 90), Arbeitsstück wenden und von außen knappkantig absteppen. **Taschenklappe** mit zwei Nähten über der Tasche fixieren.

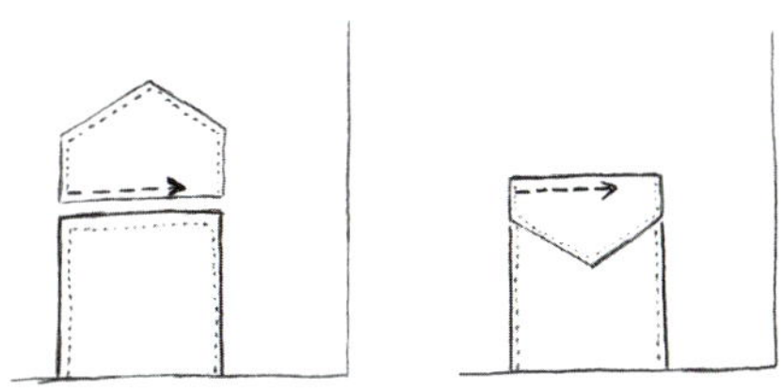

5 Die Nahtzugabe der **Tasche 2** ebenfalls an drei Seiten umbügeln und die Tasche an beliebiger Stelle auf den Futterstoff nähen.

6 Das Satinband mit zwei Nähten auf die rechte Seite des Brokat-Rechtecks aufnähen.

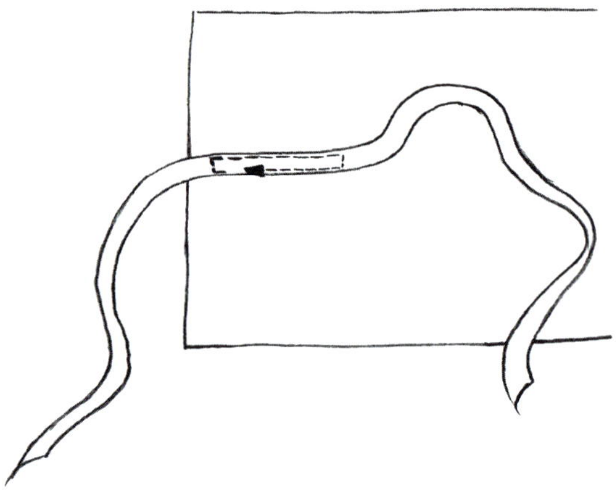

7 Brokat und Futterstoff rechts auf rechts aufeinanderlegen und absteppen, dabei eine Öffnung lassen, durch die Sie die Tasche wenden können.

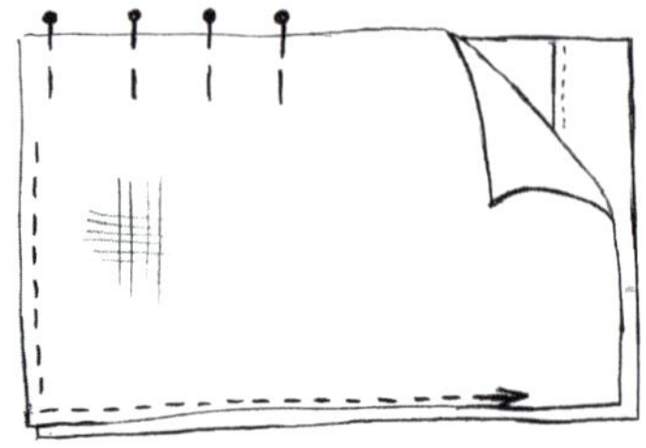

8 Arbeit wenden, die offenen Kanten nach innen klappen und bügeln. Von der Oberseite rundum knappkantig absteppen.

Handysocke

Schnitt-Teile:
36 x 9 cm
24 x 9 cm

Material:
Oberstoff
Futter, am besten ein leicht dehnbares Material
Volumenvlies 1 cm
Nähgarn in Pink

1 Das größere Schnitt-Teil je 1 x in Futter und Oberstoff zuschneiden, das kleinere 1 x in Volumenvlies.

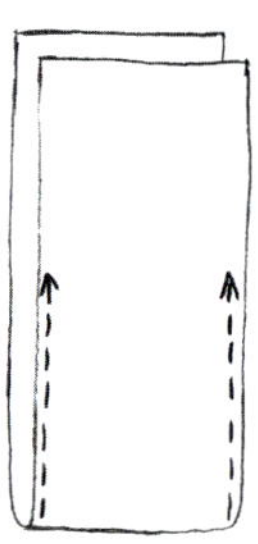

2 Jedes Stoffteil an der kurzen Seite halbieren und die zwei langen Seitennähte schließen. Beim Volumenvlies die Nahtzugaben auf 5 mm zurückschneiden. Die Tasche aus Oberstoff auf rechts wenden.

3 Bei den beiden Stoffen die Nahtzugabe der offenen Kante einschlagen und bügeln.

4 Alle 3 Taschen ineinanderstecken in der Reihenfolge Oberstoff – Volumenvlies – Futter. Es sollen keine Nahtzugaben mehr zu sehen sein.

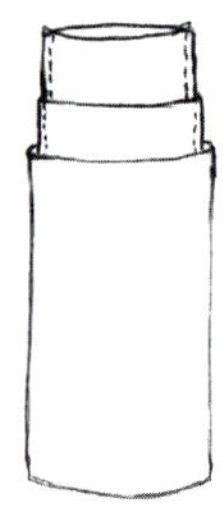

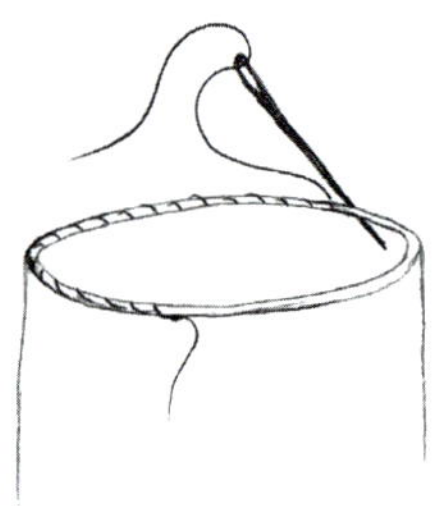

5 Die Kante mit den eingeschlagenen Nahtzugaben von Futter und Oberstoff von Hand mit einem *Überwendlings-Stich* (siehe Seite 93) schließen.

6 Die oberen 6 cm der Handy-Socke, in denen sich kein Volumenvlies befindet, nach außen umschlagen.

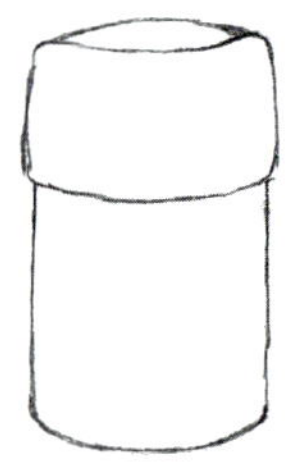

COPEAUX
SAVON
SOAP FLAKES

UPCYCLING

Wenn die liebsten Stücke in die Jahre kommen, die eine oder andere Naht aufgeht oder die Knie fadenscheinig werden, dann ist … noch lange nicht Zeit, sich davon zu trennen.

Stattdessen motzen wir sie auf, pimpen sie up. Aus der Jeans wird eine Handtasche, aus dem ersten selbst gekauften Kaschmir-Jäckchen eine Tablet-Hülle.

Persönlicher geht es nicht mehr!

Cuba Libre
4cl Rum Cuba

LIEBLINGSJEANS **

Die geliebte Jeans, die so gut passte, die so viel mitmachte. Nie wieder wird man eine solche finden, ganz sicher und ehrlich. Aber tragen – das geht wirklich nicht mehr. Dafür hat diese Jeans einfach zu viel erlebt. Was für ein Glück, dass wir sie dennoch gebrauchen können!

Material:
Eine alte Jeans
Ein Kopfkissenbezug
Ca. 1 m Borte
Interessante Schnalle
Nähgarn in der Farbe der Ziernähte
Nähgarn in Jeansblau
Pappe
Gewebeklebeband
40 cm Reißverschluss

1 Trennen Sie die Beine Ihrer verschlissenen Lieblingsjeans auf der Bein-Innenseite auf, beginnend im Schritt. Die Doppelnähte sind sehr robust und haltbar vernäht. Um es sich leichtzumachen, trennen Sie wirklich nur so weit auf, wie Sie brauchen. Um später einen Ordner quer in die Tasche zu bekommen, brauchen Sie eine Höhe ab dem Hosenbund von ca. 38 cm. Den Rest der noch geschlossenen Hosenbeine schneiden Sie einfach ab.

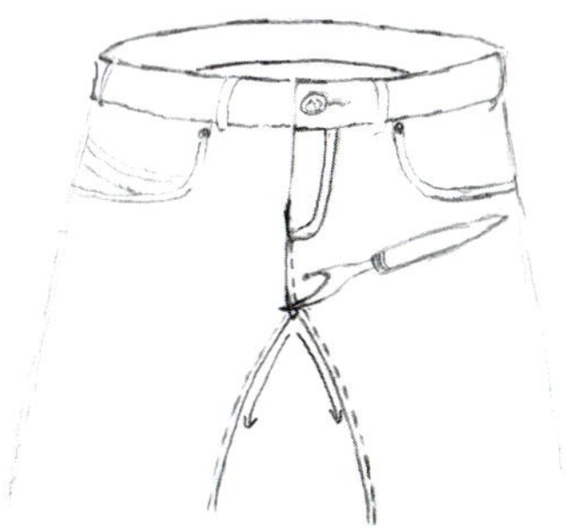

2 Jetzt die vordere und die hintere Mittelnaht auftrennen, vorn bis zum Reißverschluss, hinten bis zum Sattel. Die Stoffstücke so aufeinander schieben, dass ein flaches Rechteck entsteht, dessen Seitennähte möglichst parallel laufen. Feststeppen. Im Prinzip haben Sie jetzt einen Minirock vor sich liegen – soll es doch noch eine Tasche werden? Dann weiter …

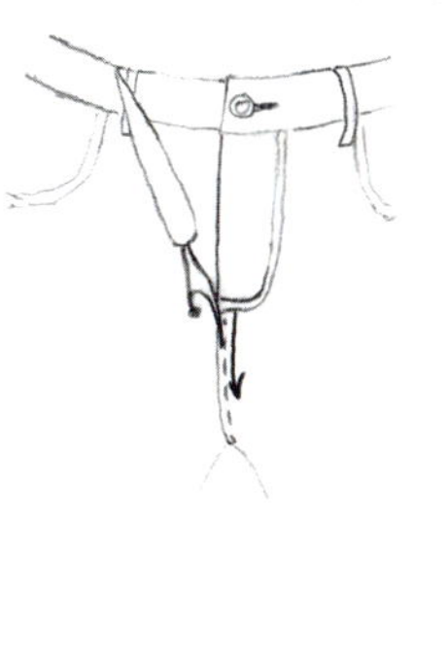

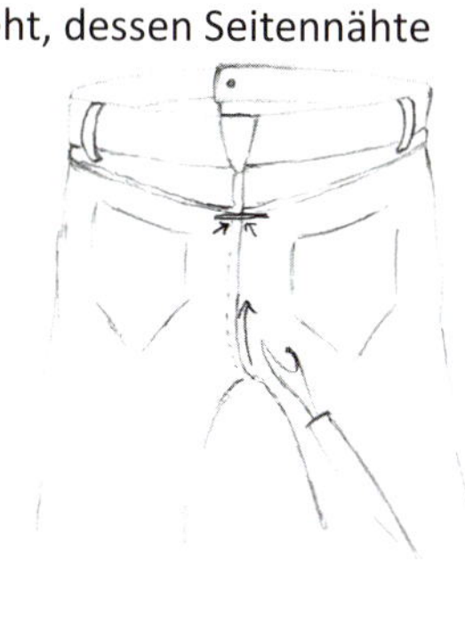

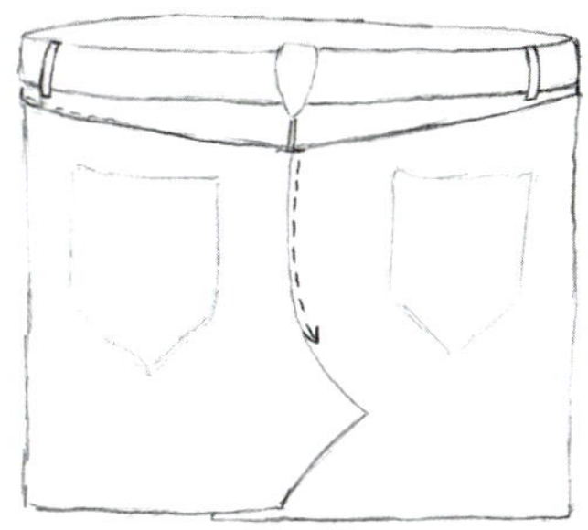

3 Die zukünftige Tasche auf links wenden und die untere Öffnung mit einer geraden Naht schließen. Naht auseinanderbügeln.

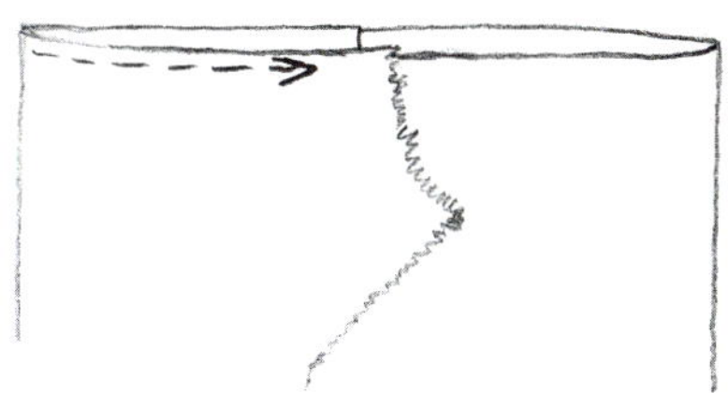

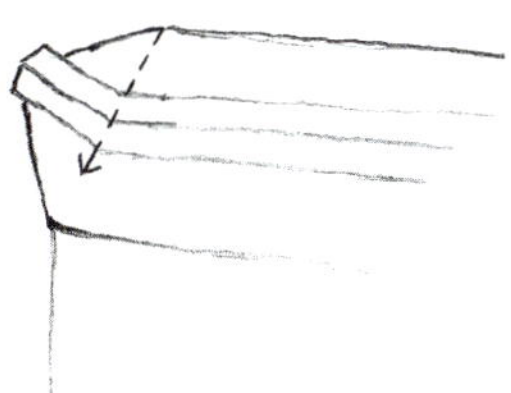

4 Die Ecken im rechten Winkel zur Naht abnähen, ca. 3,5 cm von der Spitze entfernt. Tasche auf rechts wenden.

5 Aus den Hosenbeinen einen 6 cm breiten Streifen schneiden. Ich nehme dafür gern eine Seitennaht vom Hosenbein und gebe auf jeder Seite 3 cm Stoff hinzu, da sie dem Tragegurt später zusätzliche Stabilität verleiht. Sie brauchen ca. 120 cm Länge insgesamt, ggfs. nähen Sie die Stoffstreifen aneinander, um eine ausreichende Länge zu bekommen.

6 Den Stoff von rechts und links zur Mitte legen und die Borte mit zwei Nähten daraufnähen.

7 Schneiden Sie sich nun 25 cm des Tragegurtes ab, legen Sie ihn doppelt und fädeln die eine Seite der Schnalle ein. Die Schlaufe von innen an einer Seite

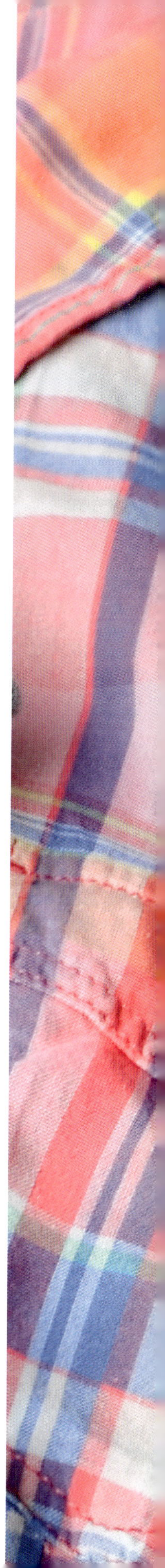

der Tasche feststecken. Um das Bild der Jeans von außen nicht zu stören, nehmen Sie einen Faden, der möglichst genau der Farbe der Ziernähte Ihrer Jeans entspricht. Steppen Sie den Tragegurt von außen auf den vorhandenen, waagerechten Nähten des Hosenbundes fest.

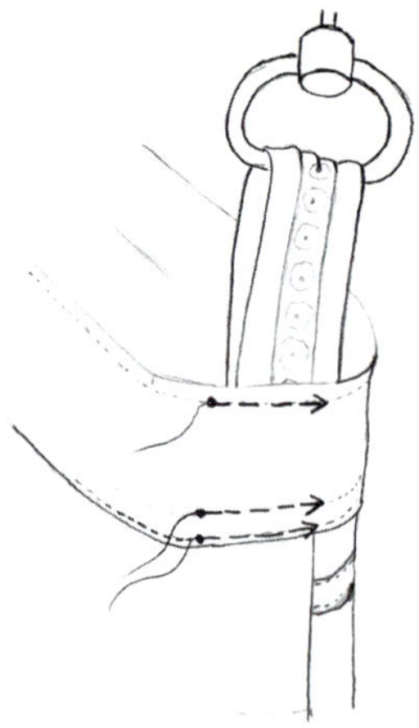

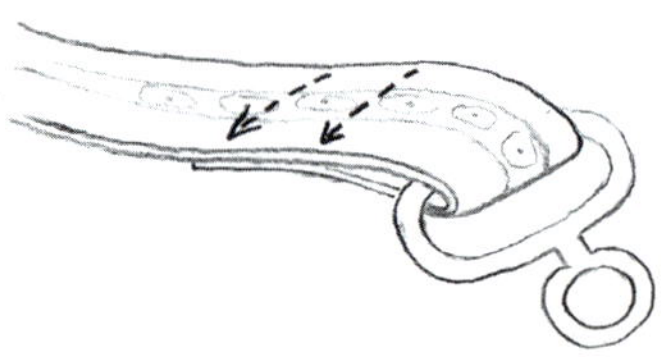

8 Die andere Seite der Schnalle auf ein Ende des langen Tragegurtes fädeln, eine Schlaufe mit ungefähr 6 cm legen und festnähen. Jetzt die Länge des Gurtes auf Ihre Größe anpassen und auf der anderen Seite der Tasche innen feststecken. Auch hier von außen entlang der waagerechten Nähte des Hosenbundes festnähen.

9 Für den Taschenboden eignet sich zum Beispiel dicke Pappe von einem Versand- oder Pizzakarton, doppelt genommen. Schneiden Sie die Pappstücke entsprechend der Länge Ihrer Tasche und 8 cm breit zu. Die Pappe sorgfältig mit Gewebeband umwickeln: erst die Seiten fixieren, dann so viel Tape verwenden, dass die Pappe komplett unter Tape verschwindet. Großzügig sein. Das schützt an Regentagen davor, dass die Pappe durchweicht. Alternativ können Sie auch Kunststoff von ausrangierten Präsentationsmappen o.ä. verwenden. Den Taschenboden im Tascheninneren platzieren.

10 Den Kopfkissenbezug zum Taschenfutter machen: auf links drehen und flach hinlegen. Von einer Ecke ausgehend die Maße der Tasche übertragen: 1 x die Breite und 1 x die Höhe der Tasche vom Boden bis zur Unterkante des Hosenbundes. 1,5 cm Nahtzugabe einzeichnen und abschneiden. Die kurze Seite schließen, die lange Seite muss offen bleiben. An der offenen langen Seite die Nahtzugabe nach links umkrempeln und bügeln.

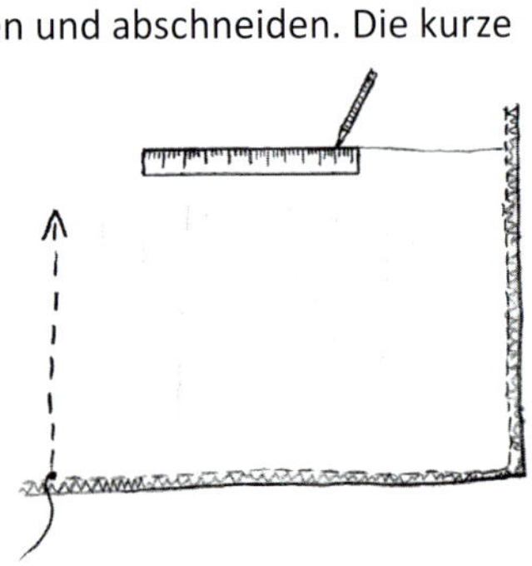

11 Aus dem Kopfkissenbezug 4 Streifen ausschneiden: Breite: 2 cm, Länge: 35 cm, Nahtzugabe: 1,5 cm. Den Reißverschluss auf beiden Seiten von oben und unten in diese Streifen einnähen. Naht zurückbügeln und jeweils schmal an der Kante absteppen, Reißverschluss öffnen.

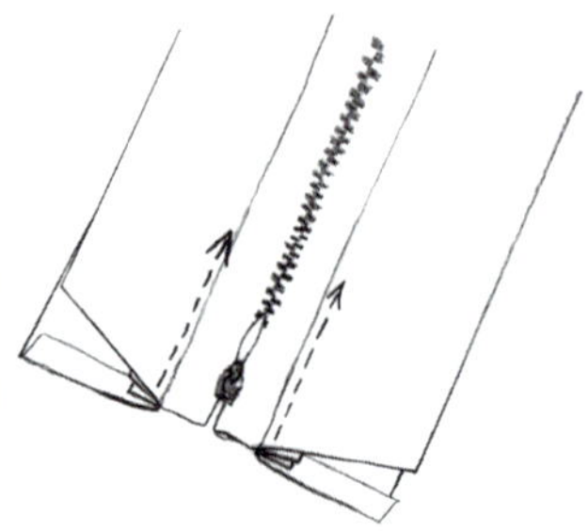

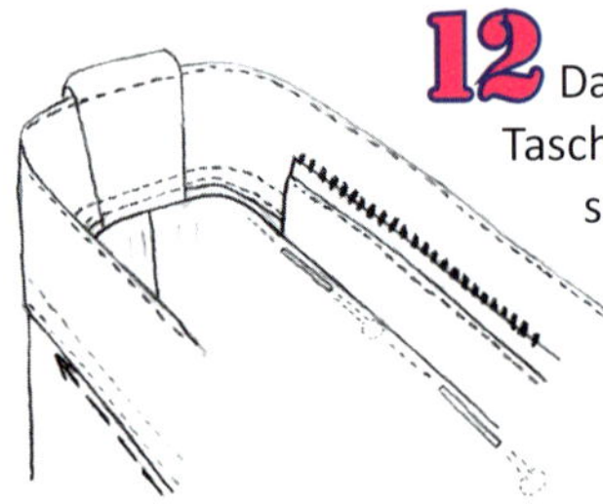

12 Das Taschenfutter in die Tasche legen. Die Streifen zwischen Futter und Tasche stecken. Durch alle Lagen möglichst knapp unterhalb des Hosenbundes von außen feststecken. Mit Garn in jeansblau von außen möglichst knapp unterhalb des Hosenbundes Tasche und Futter aneinandernähen.

13 Das Ende des Reißverschlusses mit dem Stoff des Taschenfutters verblenden: Einen Streifen mit 6 x 2 cm (zzgl. Nahtzugabe) ausschneiden, doppelt legen, die zwei langen Seiten schließen, wenden. Verbleibende Nahtzugabe nach innen klappen, bügeln. Auf das Reißverschlussende aufschieben, festnähen.

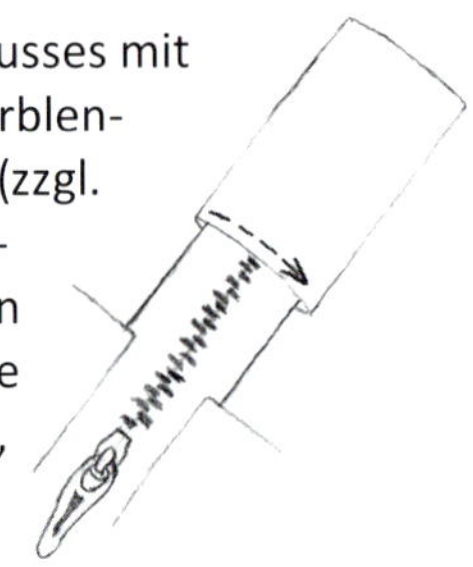

14 Für den Schlüsselanhänger aus einem Hosenbein-Rest ein Rechteck mit 24 x 5 cm ausschneiden. Die langen Seiten zur Mitte hin falten, bügeln.

- Satinband leicht *einkräuseln* (siehe Seite 90), unter die Bordüre schieben, die Bordüre mit zwei Nähten mittig auf den Jeansstreifen nähen.

- Zur Schlaufe legen, an der schmalen, offenen Seite mit Zickzackstich versäubern und mit einem Metallteil für Schlüsselanhänger einfassen. Schlüsselring einfädeln, Karabiner anhängen.

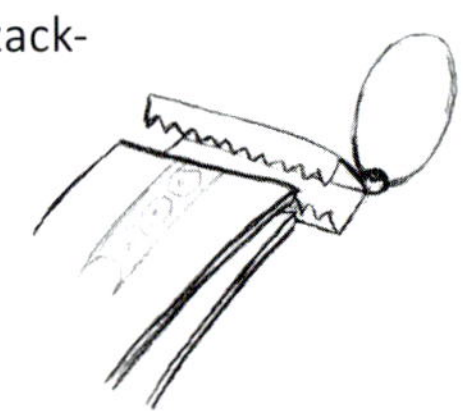

ONLY.

KASCHMIR-TABLET ✿✿

Von meinem ersten richtig selbst verdienten Geld kaufte ich mir dieses Kaschmir-Jäckchen. Es war weich und zart, ein wahnsinnig tolles Gefühl auf der Haut. Und es war unglaublich teuer. Wochenlang lief ich an dem Schaufenster vorbei, bis ich es kaufte. Ich trug es viele Jahre lang, flickte es hier und da, bis es wirklich nicht mehr ging. Dann lag es einige Jahre im Schrank, denn wegwerfen konnte ich es einfach nicht. Heute wärmt es meinen Tablet-Computer.

Schnitt-Teile:
Rechteck 19,5 x 25,5 cm mit gerundeten Ecken
Rechteck 20 x 26 cm
Streifen 1,5 x 45 cm
(Für ein iPad, messen Sie Ihr Gerät aus, bevor Sie beginnen.)

Material:
Ausgediente Strickjacke
Ausgemustertes buntes Hemd oder T-Shirt als Futter
Reißverschluss 45 cm
Nähgarn in der Farbe von Wolle und Futter
Einlage

1 Das 19,5 x 25,5 cm Rechteck 2 x aus dem Oberstoff zuschneiden. Für das eine eine möglichst spannende Stelle auswählen, für das zweite eine eher schlichte. Das größere Rechteck 2 x aus dem Futterstoff herausschneiden. Der Streifen muss 1 x aus dem Oberstoff ausgeschnitten werden.

2 Strickware ist sehr elastisch, hinterbügeln Sie deshalb die Wollstücke mit Einlage. So bleibt die Tasche schön formstabil.

3 Knopfreihen mit einer unsichtbaren Naht schließen.

4 In die Jackentasche habe ich hier zum Aufpeppen ein Tuch in Kontrastfarbe eingenäht, außerdem die ehemals grauen Knöpfe gegen pinkfarbene ausgetauscht. Erlaubt ist, was Ihnen gefällt.

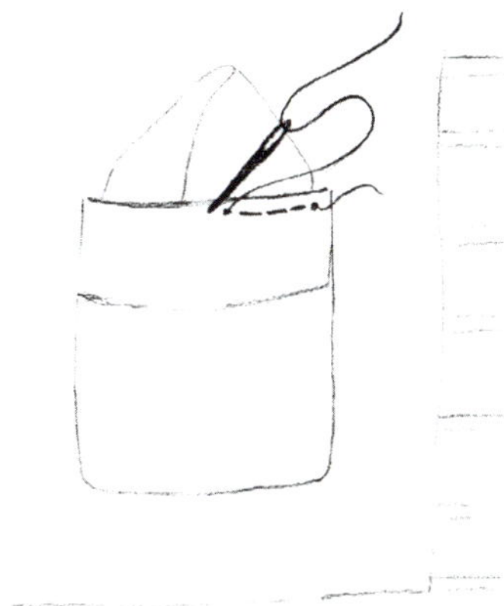

5 Den Futterstoff rechts auf rechts aufeinanderstecken und an drei Seiten vernähen: auf der Mitte der kurzen Seite mit der Naht beginnen und bis zur Mitte der gegenüberliegenden kurzen Seite nähen. Die Nahtzugaben an den offenen Kanten 1,5 cm nach links umklappen und bügeln.

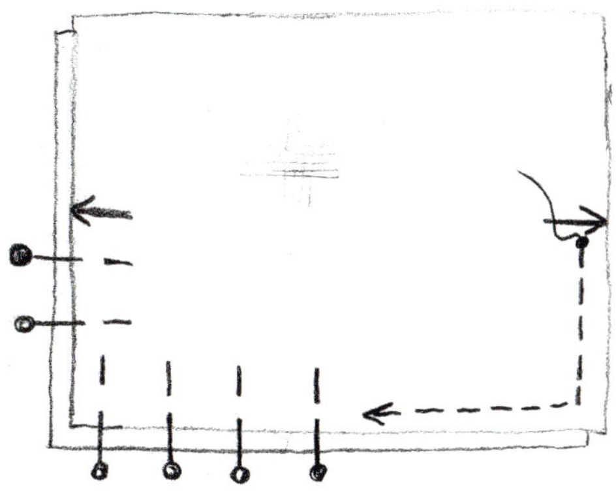

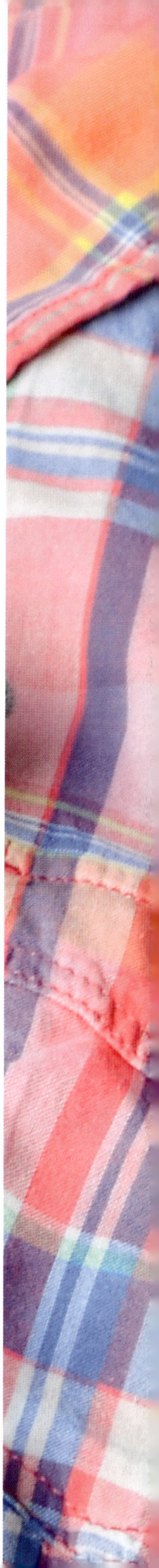

6 Die Nahtzugabe des Streifens an der 1,5 cm breiten Kante auf links umlegen und beim Vernähen mitfassen. Den Streifen rechts auf rechts auf einer Seite des Rechtecks aus Wolle feststecken und vernähen wie den Futterstoff: auf der Mitte der kurzen Seite beginnen und an der gegenüberliegenden kurzen Seite auf der Mitte enden. Das zweite Woll-Rechteck auf der anderen Seite des Streifens genauso feststeppen.

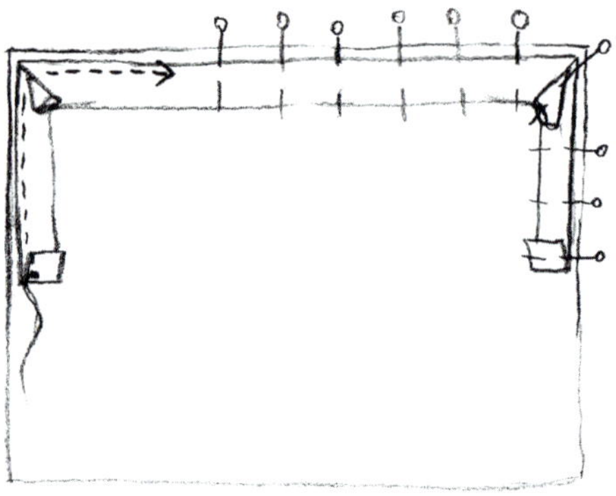

7 Die Nahtzugabe an der offenen Kante des Wollteils auf 5 mm zurückschneiden.

8 Den Reißverschluss nun mit einer möglichst knappkantigen Naht auf die offene Kante des Wollteils nähen, dabei in den Rundungen etwas nachschieben, damit er dort später nicht zu knapp sitzt. Arbeit auf rechts wenden.

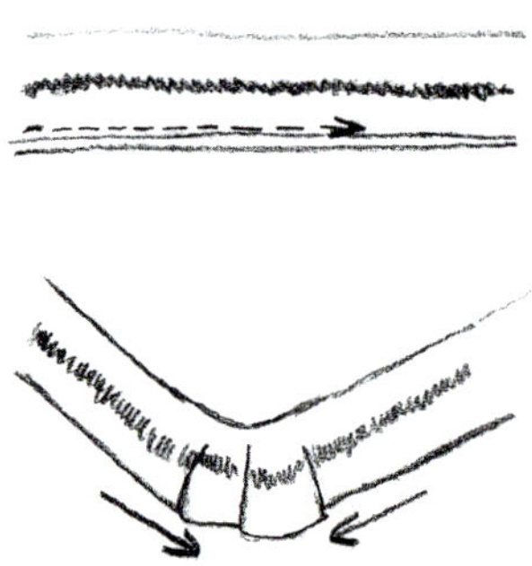

9 Das Futter in die Wolltasche stecken, die Nahtzugaben zeigen zueinander. Das Futter nun von außen durch den Wollstoff feststecken, die umgebügelte Kante des Futters liegt dabei möglichst genau auf der Kante des Wollstoffes, der Reißverschluss in der Mitte.

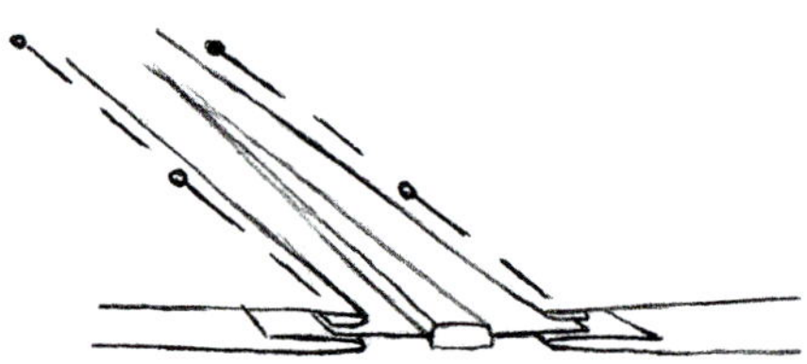

Achten Sie darauf, dass der Reißverschluss geschlossen ungefähr 1,5 cm breit bleibt, also genauso breit, wie der Streifen aus Wolle. Dadurch bekommt die Tasche Volumen.

10 Mit einer Naht rund um den Reißverschluss die Tasche, den Reißverschluss und das Futter miteinander vernähen.

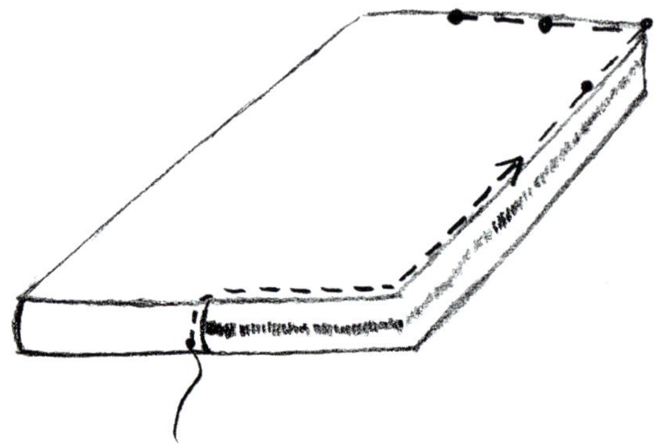

11 Das Reißverschlussköpfchen mit etwas Firlefanz verzieren.

E-READER-SWEATER *

Der Sweater für den E-Reader: Aus einem Kinderpulli mit Kapuze up-gecycelt, und den Pullistyle übernommen: eben wieder mit Kapuze. Ich fand Schrift und Zahlen irgendwie passend, um wieder eine Art Buch zu umhüllen. Sie haben doch sicher auch irgend sowas herumliegen?

Schnitt-Teil:
Vorlage von Seite 104 kopieren, zusätzlich ein Rechteck mit den Maßen 19 x 26 cm (für einen Tolino, messen Sie Ihren E-Reader aus, um die Maße anzupassen)

Material:
Altes Sweatshirt
2 Ösen 5 mm Durchmesser
Kordel
Nähgarn in der Farbe des Sweatshirts

1 Das Schnitt-Teil **Kapuze** 2 x aus dem Sweatshirt ausschneiden, das Rechteck 1 x aus einem möglichst interessanten Teil des Shirts ausschneiden, zum Beispiel dem Print oder eventuell vorhandenen Stickereien oder Applikationen.

2 Die Kapuzenteile rechts auf rechts aufeinanderstecken und an der Rundung mit einer Naht schließen. Die Nahtzugabe auf 5 mm zurückschneiden.

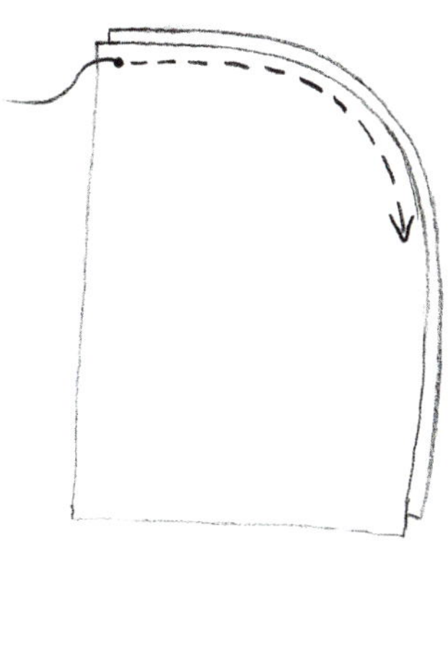

3 Die längere offene Kante der Kapuze 5 mm nach links einschlagen, bügeln und erneut ca. 1,5 cm einschlagen. Von links möglichst knappkantig absteppen.

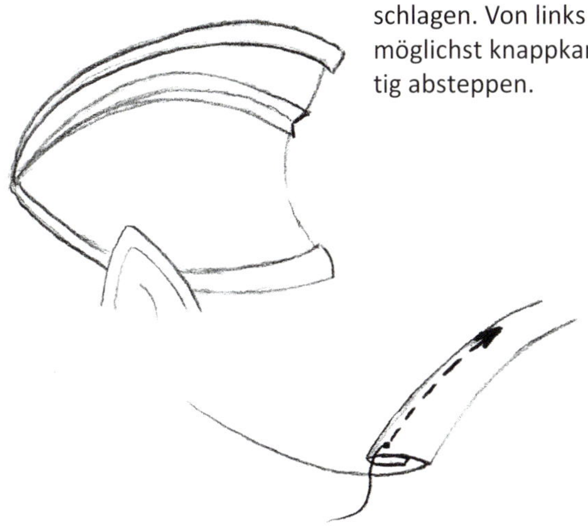

4 Die Nahtzugabe und die noch offene Kante der Kapuze mit einem Zickzackstich versäubern.

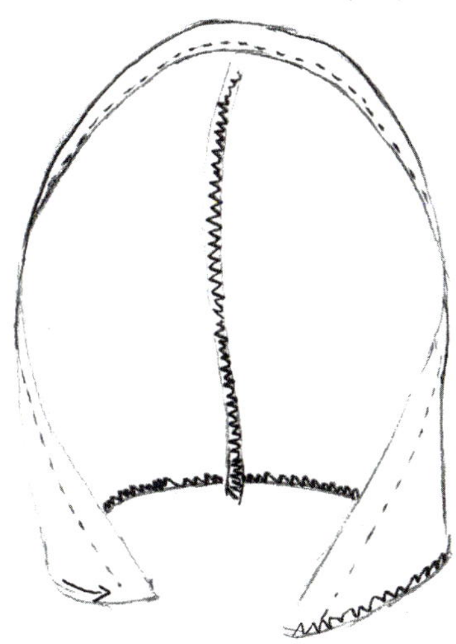

5 Das Rechteck quer legen, rechte Stoffseite liegt oben, an der schmalen Seite doppelt nehmen. Mit einer Naht schließen, auseinanderbügeln.

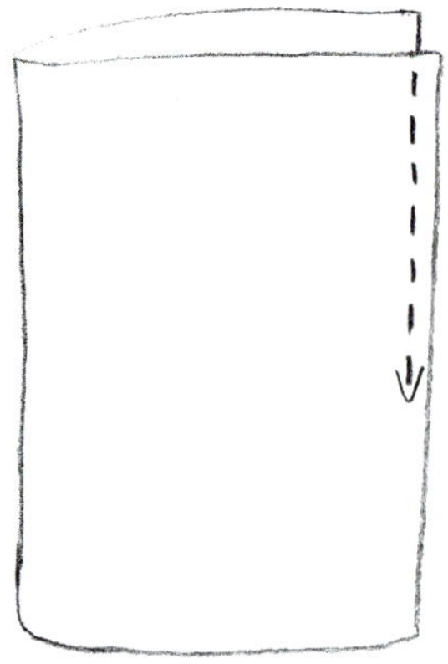

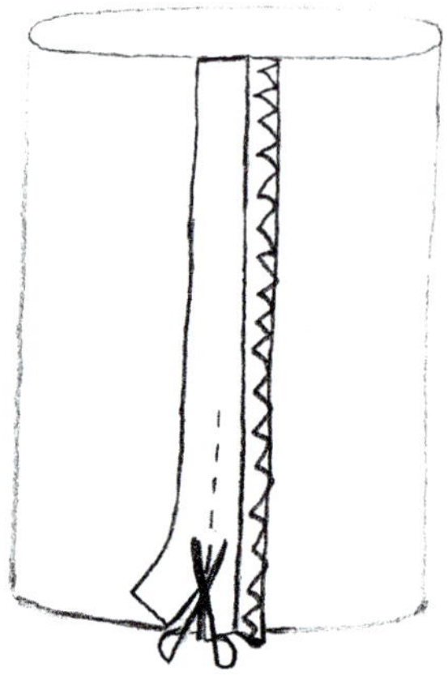

6 Die Nahtzugaben auf 5 mm zurückschneiden und jeweils einzeln mit Zickzackstich versäubern.

7 Die Tasche unten schließen, Nahtzugabe auf 5 mm zurückschneiden und versäubern. Auch die obere Kante, die noch offen ist, versäubern.

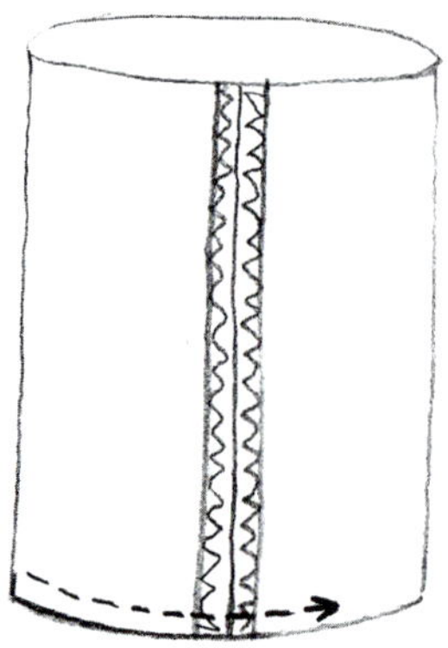

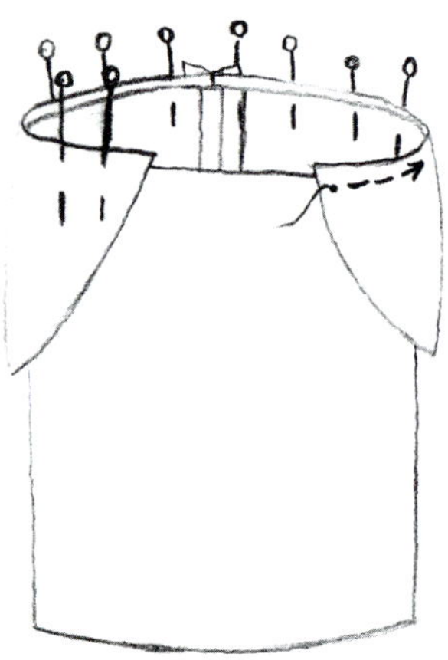

8 Jetzt wird am oberen Rand die Kapuze festgenäht. Dafür beide Teile rechts auf rechts aufeinanderstecken, die Mittelnaht beider Teile aufeinander legen. Mit einer 3 mm breiten Naht aufeinander nähen.

9 Rechts und links der vorderen Mitte der Tasche die zwei Ösen im Abstand von 2,5 cm einschlagen. Der Mittelpunkt der Ösen sollte ca. 3 cm von der Kante entfernt sein.

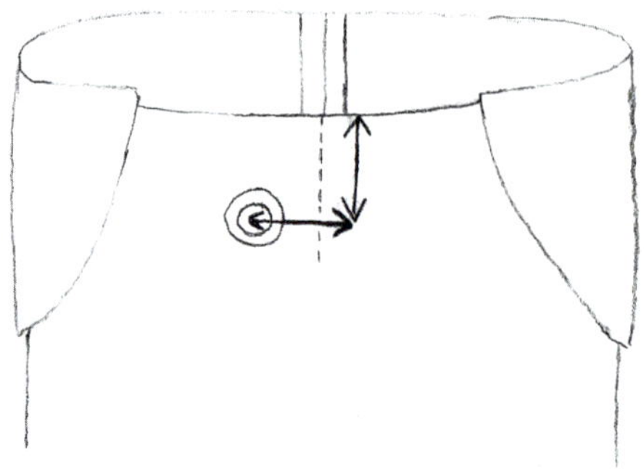

10 Die obere Kante der Tasche wird mitsamt der angenähten Kapuze etwa 2 cm breit nach links eingeklappt und mit einer 1,5 cm breiten Naht abgesteppt.

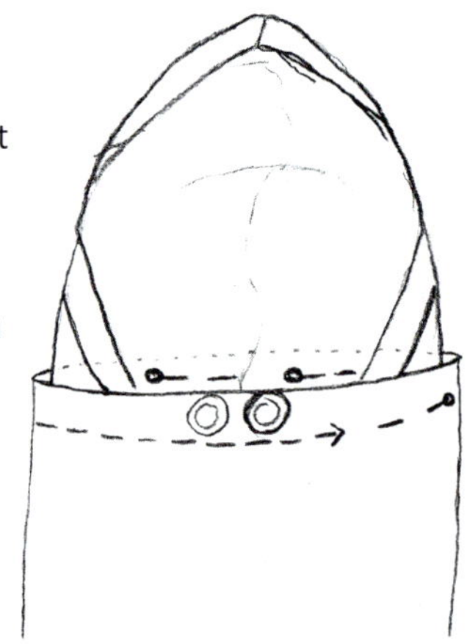

11 Die Kordel mithilfe einer dicken Nadel (einer Stopfnadel zum Beispiel) durch die Ösen und den in der Tasche entstandenen Tunnelzug fädeln. Die Enden mit einem Knoten sichern.

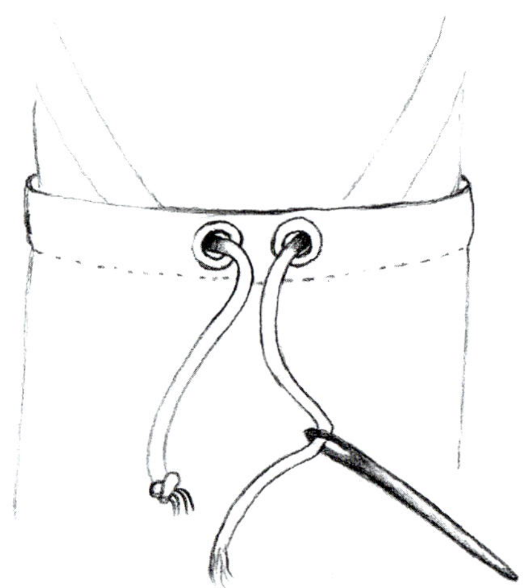

19-48

SMARTPHONE-HÜLLE *

Der Inhalt dieser Smartphone-Hülle mag ja neu und modern sein, die Hülle ist einmal mehr up-gecycelt. Es setzt ein deutliches Zeichen, dass nicht alle alten Sachen ausrangiert werden müssen: Umarbeiten entwickelt sich wieder zum Lebensgefühl. Auch zu Ihrem?

Schnitt-Teile:
Futter 36 x 9 cm
Polster 24 x 9 cm

Material:
Ausgediente Strickjacke
Ausgemustertes buntes Hemd oder T-Shirt als Futter
1 cm starkes Volumenvlies
Satinband 1 cm breit, ca. 26 cm lang
Nähgarn in der Farbe von Wolle und Futter

1 Das größere Schnitt-Teil je 1 x im Futterstoff zuschneiden, das kleinere 1x in Volumenvlies. Für den Oberstoff habe ich 19,5 cm eines Ärmels abgeschnitten, vom Bündchen ab gemessen.

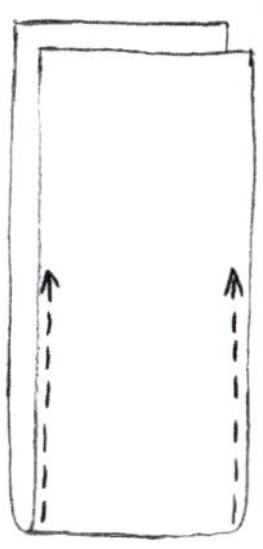

2 Die Stoffteile „Futter" und „Polster" an der kurzen Seite halbieren und die zwei langen Seitennähte schließen. Beim Polster die Nahtzugaben möglichst knapp zurückschneiden. Beim Futter die Nahtzugabe der offenen Kante 1 cm nach links umschlagen und bügeln. Auf rechts wenden.

3 Auf dem Ärmel ein Rechteck mit den Maßen 9 x 18 cm absteppen, das Bündchen bleibt dabei offen.

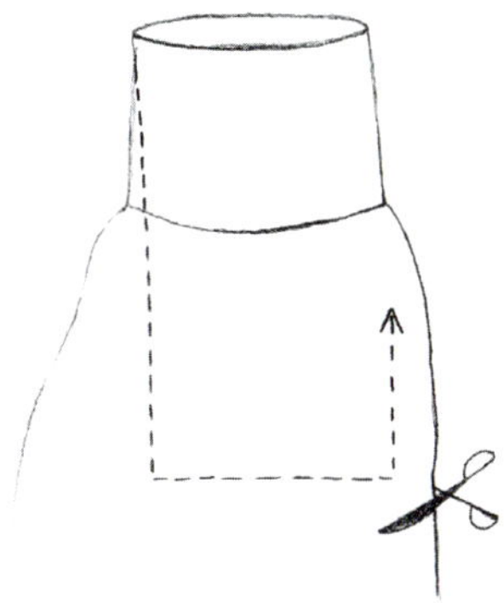

4 Alle 3 Taschen ineinander stecken in der Reihenfolge Oberstoff – Volumenvlies – Futter. Die Nahtzugaben von Oberstoff und Futter zeigen zueinander.

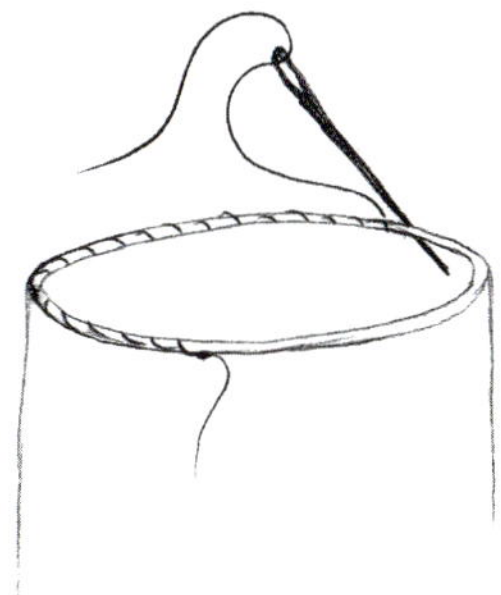

5 Die Kante mit den eingeschlagenen Nahtzugaben von Futter und Oberstoff von Hand mit einem *Überwendlings-Stich* (siehe Seite 93) schließen.

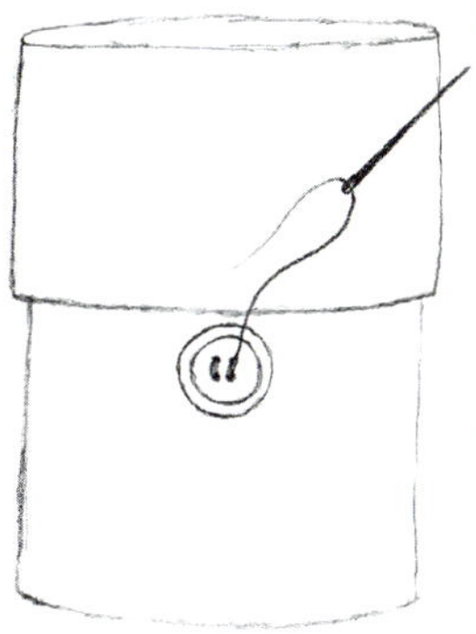

6 Die oberen 6 cm der Smartphone-Hülle, in denen sich kein Volumenvlies befindet, nach außen umschlagen.

7 Einen Knopf unterhalb des Umschlags durch alle 3 Lagen der Vorderseite festnähen.

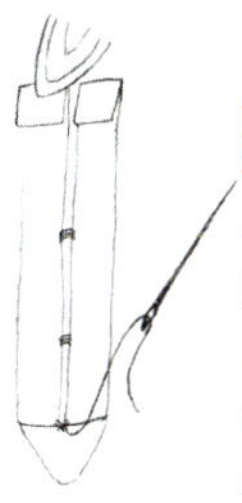

8 Das Satinband doppelt nehmen, die offene Kante 1 cm breit umbügeln. Die Schlaufe platt bügeln und die beiden Bänder von Hand mit einigen Stichen nebeneinander fixieren. Von innen auf der dem Knopf gegenüberliegenden Seite an die Hülle nähen, die Naht ist von außen unter dem Umschlag verborgen.

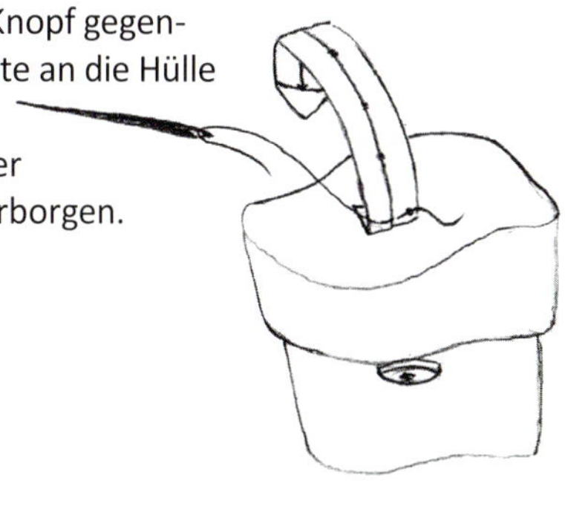

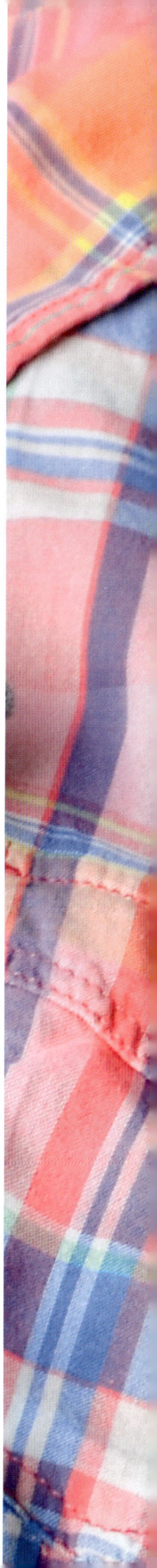

Schwarz

Meine Freundin Caro trägt Schwarz. Immer. In ihrer Garage steht eines dieser mattschwarzen Motorräder mit langer Gabel, ihre Jacke und die meisten Schuhe strotzen vor Nieten. Ihre Tochter wiederum mag es zarter. Aber auch schwarz. Rüschen, Spitze, Seide. Bis(s) unters Kinn. Beide sind irgendwie Paten für diesen Style geworden: Schwarz!

Typ Bikerin ***

Manche mögens heiß. Manche mögens hart. Manche ein wenig rebellisch! Diese Handtasche sagt ganz klar: Mich trägt kein Fashion-Opfer! Ich bin Ausdruck eines Lebensgefühls. Siehst Du meine Außentasche im Sattel-Taschen-Look? Vor zweihundert Jahren wären meine Besitzerin und ich in den Sonnenuntergang geritten. Und zwar NICHT im Damensattel...

Schnitt-Teile:
Vorlagen von den Seiten 104 und 105 kopieren, zusätzlich diese rechteckigen Taschenteile:
Taschenkörper 80 x 40 cm
Futter 78 x 40 cm
Streifen mit 5,5 cm Breite, insgesamt werden ca. 3 m benötigt
Streifen 6 x 30 cm (Reißverschlussbesatz)

Material:
Schwarzes (Kunst-)Leder
Baumwoll-Print als Futter
Reißverschluss 35 cm
Motiv-Nieten
Ösen 5mm
Schnalle 2,5cm breit
4 Schekel
4 Taschenfüßchen
Pappe und Gewebeband für den Taschenboden
2 D-Ringe 10 mm
2 Karabiner mit Schlüsselring
Schwarzes Garn

1 Aus dem Kunstleder mehrere 5,5 cm breite Streifen zuschneiden, in diesen Abschnittslängen: 90 cm (Besatz), 100 cm (Trageriemen), 45 cm (Riemenhalter), 20 cm (Beutelriemen), 50 cm (Beutelseite).

2 Aus dem Kunstleder einen 2 cm breiten Streifen mit 30 cm Länge zuschneiden, mit Textilkleber bestreichen, antrocknen lassen und beide Längsseiten zur Mitte hin einklappen, so dass ein 1 cm breiter Riemen entsteht. In 5 gleich große Teile zerschneiden und zu Schlaufen legen. Auf 2 Schlaufen je einen Karabiner fädeln; 2 Schlaufen bekommen einen D-Ring mit eingefädeltem Schlüsselring. Die fünfte bleibt vorerst frei.

3 Den **Taschenkörper** aus Kunstleder zuschneiden, auf 40 cm Breite doppelt legen (die rechten Seiten zeigen zueinander) und an den Seiten zusammennähen. Dabei ganz unten im Bruch (siehe *Stoffbruch*, Seite 88) auf jeder Seite eine Schlaufe mit Karabiner mitfassen und ca. 18 cm vom Bruch entfernt je eine Schlaufe mit D-Ring mitfassen. Diese Entfernung kann variieren, je nach dem Maß Ihrer Deko-Karabiner. Ziel ist es, dass die Ecken der Tasche hochgeklappt sind, und von den Karabinern gehalten werden. Messen Sie daher vorher gut aus, an welcher Stelle die Schlaufen mit dem D-Ring sitzen müssen. Den Taschenkörper auf rechts wenden.

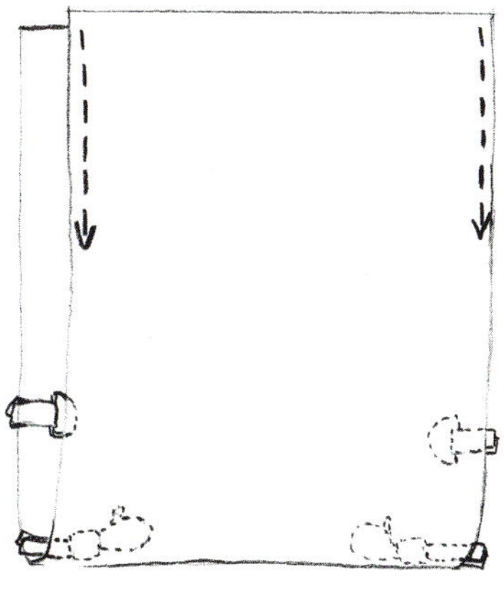

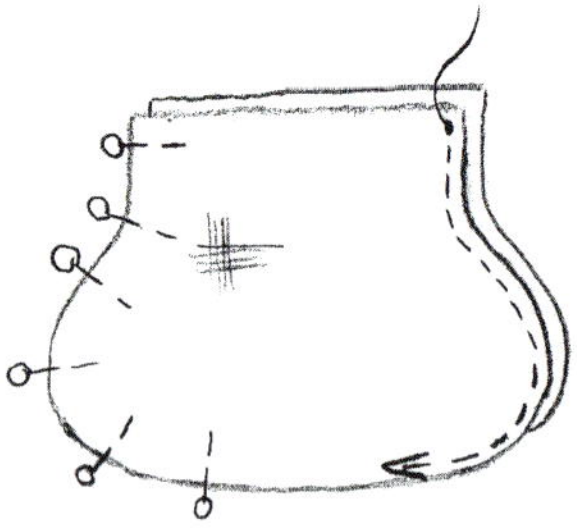

4 Das Schnitt-Teil **Klappe** je 1 x aus Kunstleder und Futterstoff zuschneiden, miteinander *verstürzen* (siehe Seite 90), die gerade Seite dabei offen lassen. Wenden und die vordere Kante mit Nieten verzieren. Den 20 cm langen Streifen **Beutelriemen** an beiden Längsseiten zur Mitte hinklappen und mit zwei Nähten fixieren. Die Ösen einschlagen.

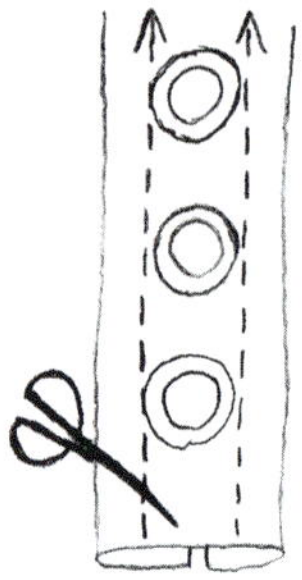

5 Die **Beutelfront** 1 x aus Kunstleder zuschneiden, außerdem den 50 cm langen Streifen **Beutelseite** aus Arbeitsschritt 1 hernehmen, auf 4 cm Breite zurechtschneiden und beides aneinandernähen, die Kante mit der freien Nahtzugabe auf links umklappen und kniffen. Den Beutel mittig auf dem Taschenkörper platzieren, die gerade Seite des Beutels 17 cm von der oberen Kante des Taschenkörpers entfernt. Nun die Außenkante der Beutelseite knapp auf dem Taschenkörper festnähen.

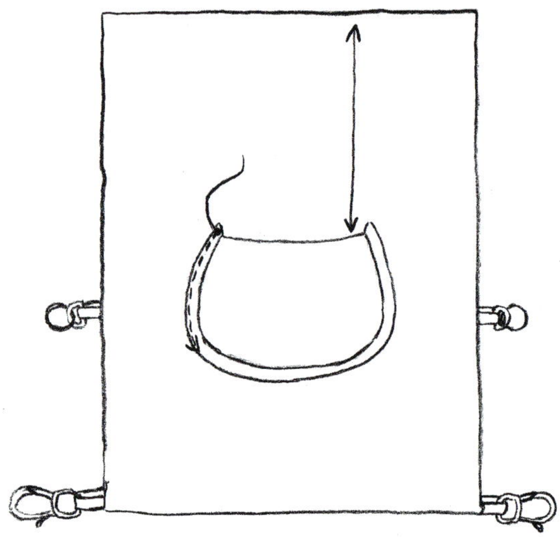

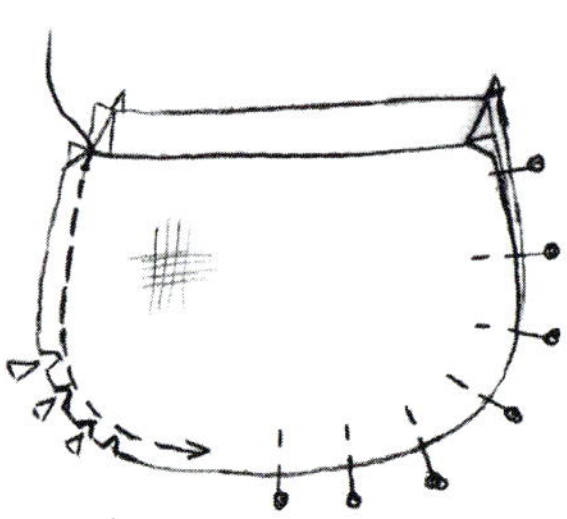

6 Das Schnitt-Teil **Beutelfront** 2 x aus Futterstoff zuschneiden, zusätzlich einen Streifen 4 x 50 cm aus Futterstoff zuschneiden. Die Futterteile zusammenfügen, die Nahtzugabe an der offenen Kante auf links umklappen und bügeln.

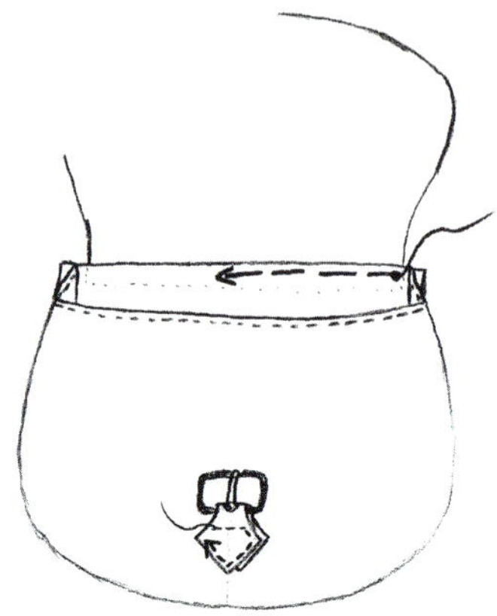

7 Das Futter in den Beutel schieben, dabei die gebügelten Kanten aufeinander legen und auf drei Seiten feststeppen. Die vorbereitete Klappe mit der Nahtzugabe zwischen Futter und Taschenkörper platzieren und die letzte Seite mit einer Naht schließen. Vorn mittig auf dem Beutel den **Schnallenriemen** mit eingefädelter Schnalle annähen.

8 Das Pappstück auf die Maße 30 x 8,5 cm zuschneiden und fest mit dem Gewebeband umwickeln. Auf dem Taschenboden platzieren und von außen an allen vier Ecken mit den Taschenfüßchen fixieren.

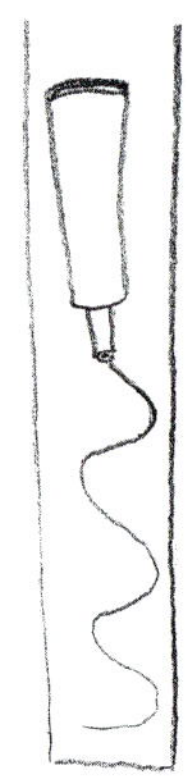

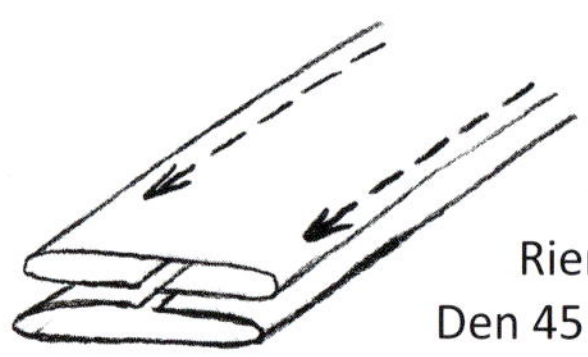

9 Für die Trageriemen den 100 cm und den 45 cm Streifen mit Textilkleber bestreichen, antrocknen lassen und auf den Längsseiten zur Mitte hin einschlagen. Beim 100 cm Streifen einen Futterstreifen gleicher Breite auf die eingeklappten Seiten gegennähen und die Riemen halbieren. Den 45 cm Streifen nach dem Trocknen in vier Teile schneiden, das sind die Riemenhalter.

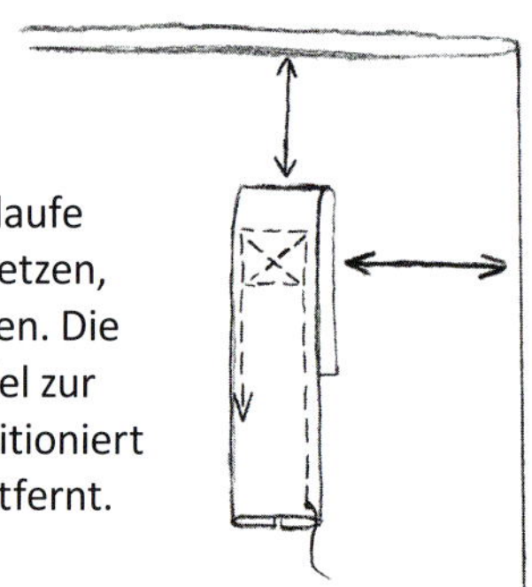

10 Die Riemenhalter an einem Ende zur Schlaufe legen und auf die Tasche setzen, die Schlaufe zeigt nach oben. Die Riemenhalter sollen parallel zur Seitennaht der Tasche positioniert sein, etwa 9 cm von ihr entfernt.

OPTI

Die Schlaufe endet 4,5 cm unterhalb der oberen Taschenkante. Sorgfältig feststeppen, dabei beachten, dass an diesen Nähten später die Hauptlast hängen wird.

11 Das untere Ende der Riemenhalter mit einem kleinen Quadrat aus Resten des Kunstleders abdecken und feststeppen.

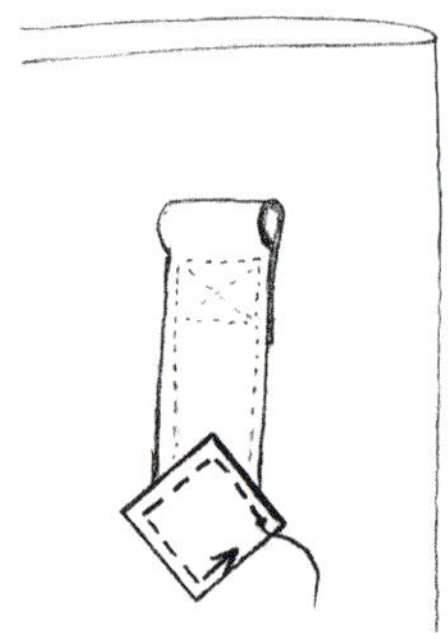

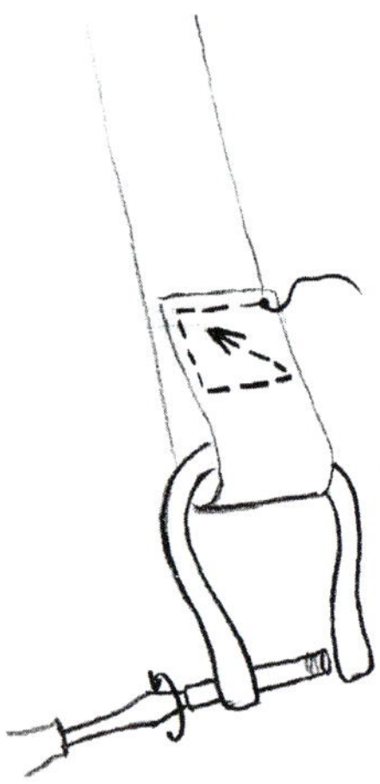

12 Die Enden der Trageriemen in die 4 Schekel fädeln, auf 5 cm umlegen und feststeppen. Die Schrauben der Schekel öffnen und durch die Schlaufe der Riemenhalter fädeln. Schraube schließen und festziehen.

13 Nun mit den Motivnieten ein beliebiges Muster auf dem Taschenkörper bilden. Die Nieten auf der gezeigten Tasche sind einfach in zwei Reihen angeordnet, die obere Reihe 5 cm vom oberen Taschenrand entfernt, die untere Reihe im Abstand von 2,5 cm zur oberen Reihe. Abstand zwischen den Nieten 4 cm.

14 Aus dem Bauwollstoff das Futter zuschneiden, auf 40 cm Breite doppelt legen und an den Seiten schließen. Ebenfalls aus Futterstoff den **Reißverschlussbesatz** 4 x zuschneiden und den Reißverschluss damit einfassen. Die überschüssige Länge des Reißverschlusses hinten überstehen lassen und mit der **Reißverschlussblende** aus Kunstleder einfassen. Eine Niete zur Zierde draufsetzen.

15 Aus dem 90 cm langen Streifen **Besatz** 4 Stücke schneiden (hier ist die Nahtzugabe schon eingerechnet): 2 x 12 cm und 2 x 33 cm. Aus diesen 4 Teilen nun den Besatz nähen, dazu in der Reihenfolge kurz – lang – kurz – lang an den 5,5 cm Seiten aneinander nähen und zum Schluss zu einem Ring schließen.

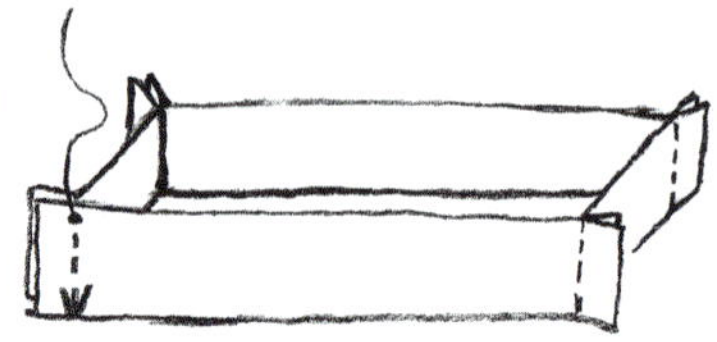

16 Den Besatz rechts auf rechts auf das Taschenfutter legen, den Reißverschlussbesatz und die Schlüsselringschlaufe dabei mitfassen und 1,5 cm breit vernähen. Nahtzugabe nach unten umbügeln und von rechts 5 mm breit absteppen.

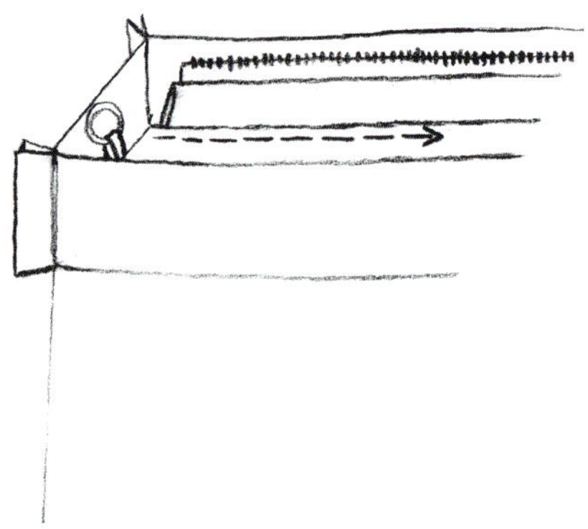

17 An der offenen Kante des Besatzes die Nahtzugabe auf links klappen und kniffen.

18 Das fertig vorbereitete Futter wird nun in den Taschenkörper geschoben, die Nahtzugaben zeigen zueinander. An der oberen Kante die umgeklappten Nahtzugaben aufeinander legen und möglichst knappkantig von außen absteppen.

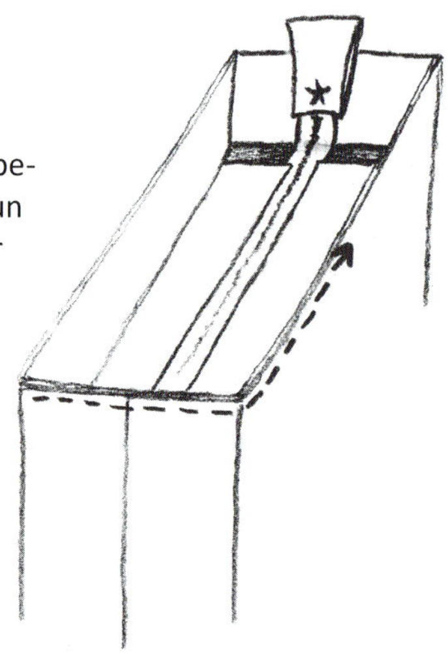

Nieten-Geldbeutel *

Passend zur Bikerin-Handtasche ein Bikerin-Geldbeutel. Stilecht mit kleiner Kette und Karabiner an der Tasche befestigt. Zusammen noch besser als alleine. Die Kette ist Dir zu kurz, der Karabiner zu klein? Hey, wir müssen den Kerls doch nichts nachmachen, bei dieser Sache mit der Größe.

Schnitt-Teile:
Großes Rechteck 31,5 x 14 cm
Kleines Rechteck 7 x 14 cm

Material:
Kunstleder
2 Reißverschlüsse 15 cm lang
Ziernieten
10 mm D-Ring
Karabiner
Druckknopf
Schwarzes Garn

1 Die zwei Rechtecke je 1 x in Kunstleder zuschneiden. Beide Teile mit einem Zickzackstich versäubern, da hier die innenliegende Naht wegen des fehlenden Futters sichtbar bleibt.

2 Einen 2 cm breiten Streifen mit 7 cm Länge zuschneiden, mit Textilkleber bestreichen, antrocknen lassen und beide Längsseiten zu Mitte hin einklappen, so dass ein 1 cm breiter Riemen entsteht. Den Riemen zur Schlaufe legen, den D-Ring auffädeln.

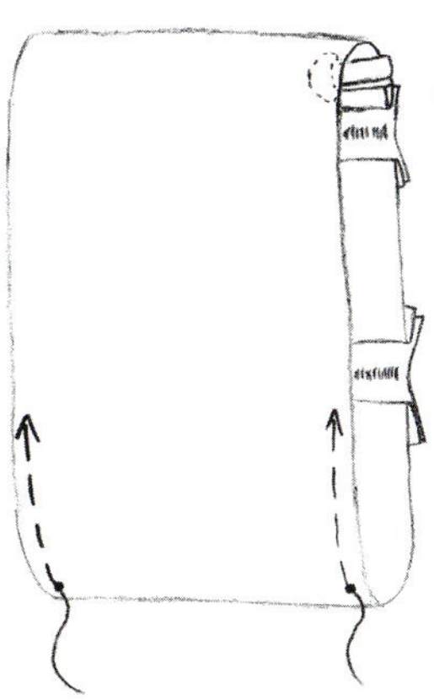

3 Den ersten Reißverschluss zwischen das große und das kleine Rechteck auf der 14 cm-Seite einsetzen, den zweiten Reißverschluss in die verbliebene 14 cm breite Öffnung.

4 Einen der beiden Reißverschlüsse etwa zur Hälfte öffnen, das erleichtert gleich das Wenden der Arbeit. Die offenen Seiten schließen, dabei an einer der oberen Kanten die 1 cm breite Schlaufe mit dem eingefädelten D-Ring mitfassen.

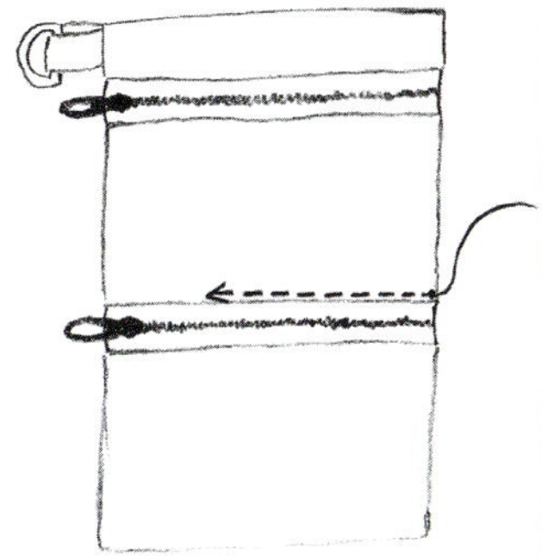

5 Die Arbeit durch den halb geöffneten Reißverschluss wenden. Eine Naht mittig auf die Tasche setzen, dadurch wird der Geldbeutel in zwei Taschen unterteilt.

6 Den Geldbeutel zusammenklappen. Dadurch, dass der Reißverschluss etwas steifer ist als das Kunstleder, wird der Beutel nicht exakt in der Mitte geteilt, sondern etwas ungleichmäßig.

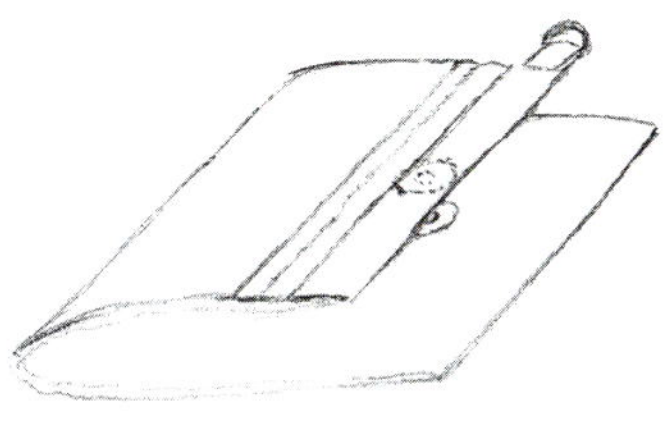

7 Den Druckknopf entsprechend platzieren und von innen mit einem Rest fester Baumwolle unterfüttern, damit der Knopf bei Benutzung nicht das flexible Kunstleder ausreißt. Den Druckknopf einschlagen.

8 Von außen mit den Ziernieten verzieren und einen Karabiner in den D-Ring einhängen.

Stiftemäppchen *

Ein Mäppchen für Stifte ist eine jener Taschen, die wohl fast jede hat. Die aber nur ganz selten zum eigenen Stil passen. Warum eigentlich? Sie sind schnell gemacht, genau so robust wie die aus dem Laden und sehr persönlich. Außerdem könnte man kleine geheime Fächer für Spickzettel einnähen. Aber wie das geht, das erkläre ich lieber nicht. Sonst gibt es noch Proteste ...

Schnitt-Teile:
Vorlage von Seite 104 kopieren, zusätzlich das rechteckige Schnittteil Taschenkörper 22 x 22 cm

Material:
Bedruckter Baumwollstoff
Roter Satin für das Futter
Reißverschluss 22 cm
Ca. 1 m schwarze Spitze
Schmuck für den Reißverschluss
Schwarzes und rotes Garn

1 Das **Oval** je 2 x in Baumwolle und 2 x in Futterstoff zuschneiden, den **Taschenkörper** je 1 x.

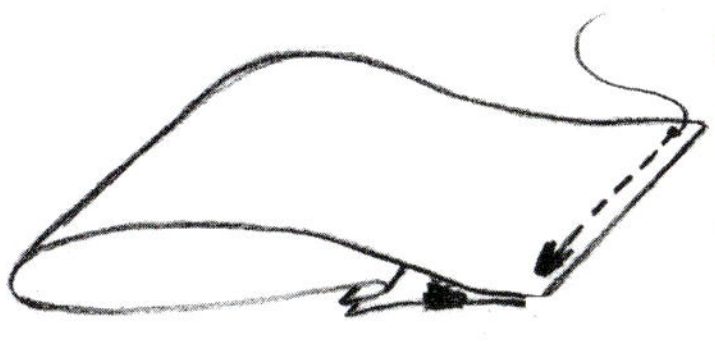

2 Den Reißverschluss in den **Taschenkörper** aus Baumwolle einnähen.

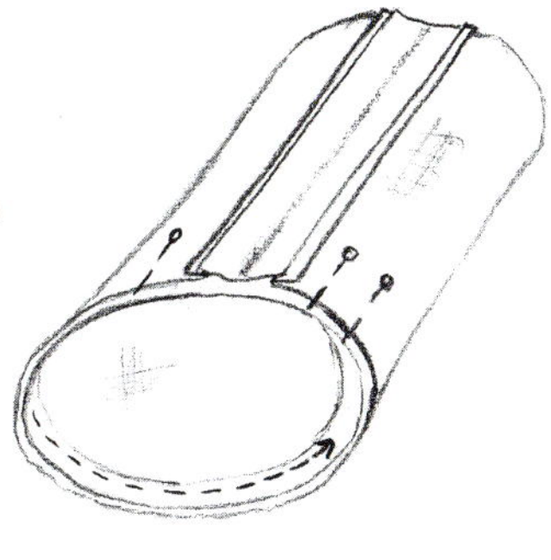

3 Die offenen Kanten des **Taschenkörpers** rechts auf rechts auf das **Oval** legen, feststecken und absteppen. Reißverschluss öffnen und Arbeit auf rechts wenden.

4 Für das Futter an zwei gegenüberliegenden Seiten des **Taschenkörpers** aus Satin die Nahtzugabe auf links umschlagen und bügeln.
An den offenen Kanten die **Ovale** rechts auf rechts einsetzen, dabei die umbügelten Kanten 1 cm voneinander entfernt lassen.

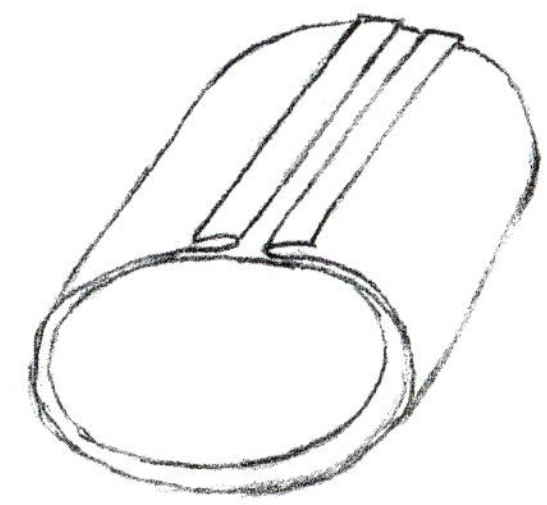

5 Das Futter in den Taschenkörper stecken, alle Nahtzugaben zeigen zueinander.

6 Die Spitze halbieren und jede Hälfte auf 22 cm raffen. Auf jeder Seite des Reißverschlusses eine Hälfte feststecken, dabei das Futter innen mitfassen und feststeppen.

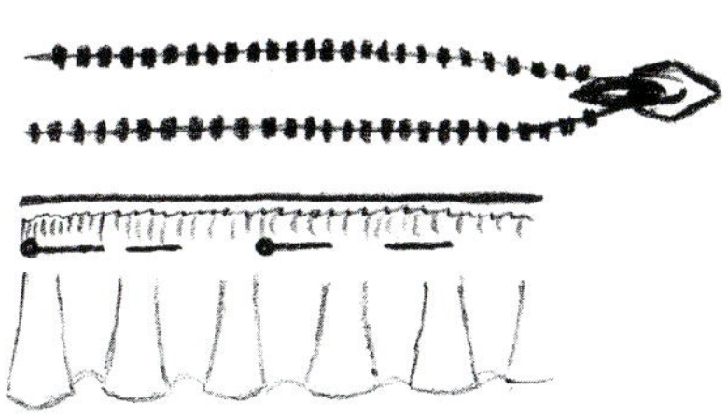

7 Den Schmuck am Reißverschlussköpfchen anbringen – entweder mit ein paar Stichen von Hand annähen oder mit einem Tropfen Heißkleber fixieren.

Romantik-Tablet *

Kann Schwarz auch Rot sein? Es kann, sofern das Rot dunkel genug ist. Oder, wenn es rot genug ist. Klingt komisch, ist aber so. Hier also eine Tasche für Tablet-Computer (ein iPad), die einiges hermacht, und die neugierige Blicke auf sich ziehen wird.

Material:
2 Rechtecke aus Filz, Größe 30 x 20 cm
Ca. 2 m schwarze Spitze
65 cm Samtband
6 cm Samtband
D-Ring 10 mm
Extravaganter Schmuck-Knopf
Schwarzes Garn

1 Bei beiden Filzplatten an einer 20 cm Seite jeweils 4,5 cm umlegen. Feststecken.

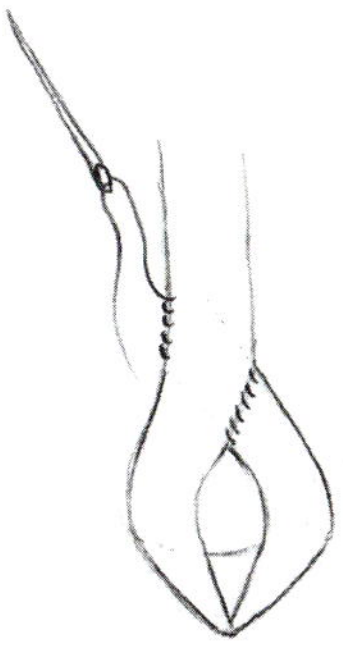

2 Ein Ende des Samtbandes zu einer Schlaufe legen, die man noch bequem über den Schmuck-Knopf ziehen kann. Schlaufe so mit ein paar Stichen festnähen. Vom Samtband 18 cm Länge abschneiden.

3 Die Spitze halbieren und jeweils 1 m Spitze auf 65 cm raffen. Beide Teile vom Samtband mit geraffter Spitze von zwei Seiten einfassen, dabei die Schlaufe und ein Endstück des 18-Zentimeter-Stückes rosettenartig einfassen. Spitze mit großen Stichen auf dem Samtband fixieren.

4 Das Samtband mittig auf die langen Seiten der Filzplatten nähen. Dabei auf einer Filzplatte das Samtband mit Schlaufe platzieren, die Schlaufe ragt dabei ca. 11 cm über die eingeklappte Seite der Filzplatte hinaus und bleibt frei.

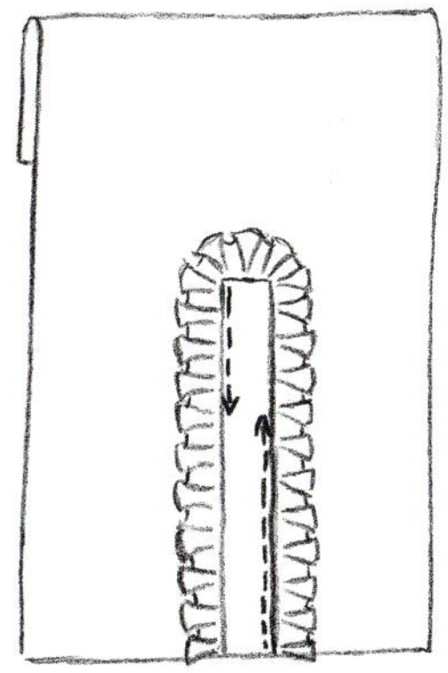

5 Auf der anderen Filzplatte das kurze Samtband aufnähen und an dem Ende, das von der Spitzenrosette umschlossen ist, den Knopf annähen.

6 Die Filzplatten aufeinanderlegen, die umgeklappten Teile zeigen nach innen. Den D-Ring auf ein etwa 6 cm langes Stück von Samtband fädeln und an einem Eck etwa 1,5 cm oberhalb der Kante zwischen die Filzplatten legen. Die Schlaufe mit dem D-Ring soll später ca. 1,5 cm herausragen.

7 Die Filzplatten an drei Seiten zusammennähen, dabei soll die Seite mit den umgeklappten Kanten offen bleiben. In den Ecken jeweils die Nadel versenken, Das Nähmaschinenfüßchen anheben, die Arbeit um 90° wenden, Füßchen senken und weiternähen.

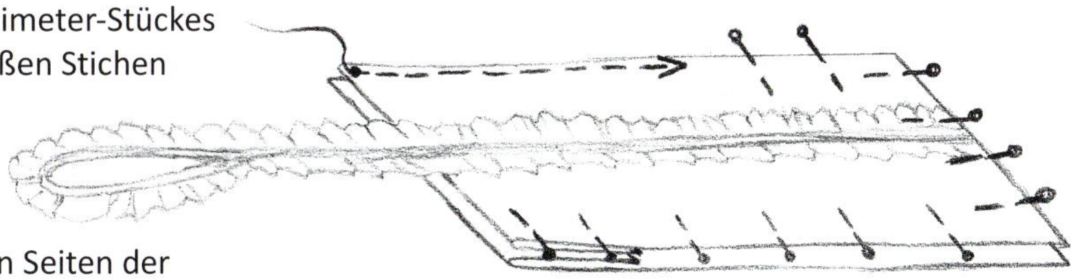

Kabel-Säckchen *

Wer kennt das nicht: Zu jedem modernen Gerät, das uns begleitet, gehört ein eigenes Kabel. Oder zwei, oder sogar noch ein Netzteil. Charmant verpackt man diese in einem Kabelsäckchen, das einfach mittels Karabiner an die jeweilige Tasche angehängt wird. So hat man sie immer beisammen, oder kann sie, wenn der Akku ganz voll ist, auch einfach mal zu Hause lassen.

Schnitt-Teil:
Rechteck 17 x 24 cm

Material:
Bedruckter Baumwollstoff
Roter Satin für das Futter
15 mm breites Samtband, 32 cm lang
5 mm breites Samtband, 60 cm lang
Karabiner
Kleines Vorhängeschloss als Deko

1 Das Rechteck je 1 x in Futter und Baumwolle zuschneiden. Das 15 mm breite Samtband in 2 x 13,5 cm und 1 x 5 cm zerschneiden, das dünnere Samtband halbieren.

2 Auf das Baumwoll-Rechteck aus dem 15 mm breiten Samtband wie aufgezeichnet zwei Tunnel aufnähen, 4,5 cm von der oberen Kante entfernt. Das dünne Samtband hindurchfädeln.

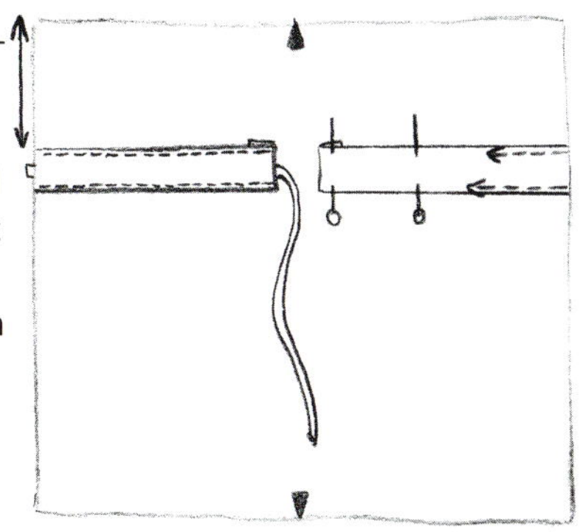

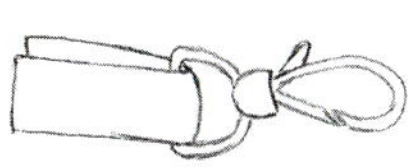

3 Den Karabiner auf das 5 cm Stück vom Samtband auffädeln und das Samtband auf dem Baumwollstoff feststecken.

4 Das Baumwoll-Rechteck an der 17 cm langen Seite rechts auf rechts doppelt legen und an zwei Seiten schließen, dabei die Enden des Tunnels mit dem eingefädelten Samtband und die Schlaufe mit dem Karabiner mitfassen. Die Kante oberhalb des Tunnels bleibt offen.

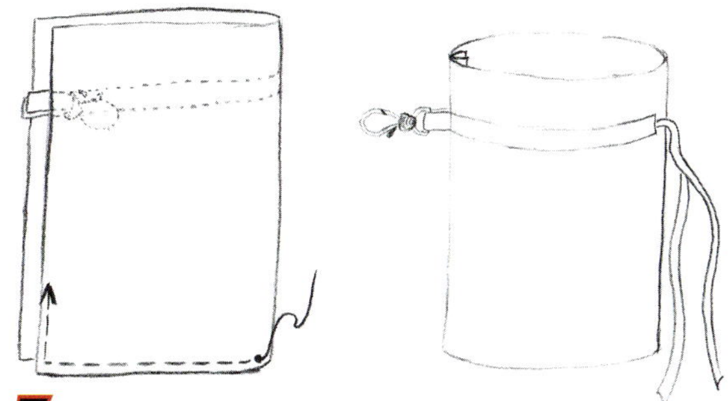

5 Das Rechteck aus Satin rechts auf rechts an der 17 cm langen Kante doppelt legen und an der langen Seite schließen. Futter und Baumwollbeutel rechts auf rechts übereinanderstülpen. An der offenen Kante des Baumwoll-Beutels die Nahtzugaben exakt aufeinanderlegen und feststeppen.

6 An der nun noch offenen Kante des Satinfutters die Nahtzugabe auf links wenden, bügeln und knappkantig von rechts feststeppen.

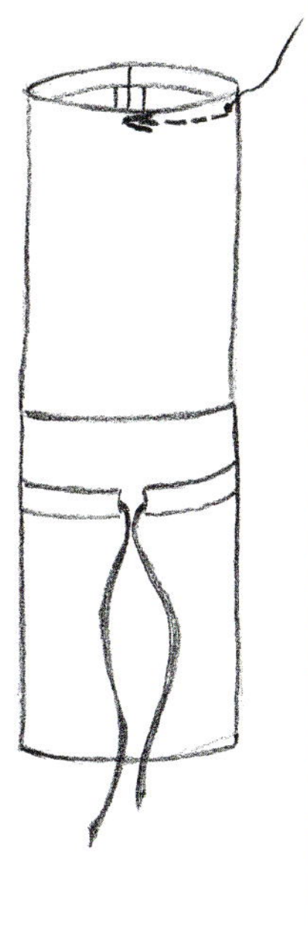

7 Futter in den Beutel schieben und den Übergang von Futter zu Baumwolle an der oberen Kante zurechtzupfen und bügeln. Hier wird die Kante nicht abgesteppt, damit die Kante weicher erscheint und sich das Futter etwas über den Baumwollstoff herausstülpen kann.

Alpen-Chic

Wenn ich mir die Massen anschaue, die jedes Jahr wieder zum Oktoberfest pilgern, freue ich mich immer über die vielen Mädels im Dirndl. Darin sieht Frau einfach fesch aus.
Liebe Mädels, verzeihts mir den Lokalpatriotismus, aber I mog ihn oafach, den Alpen-Chic.
Und deshalb, und auch, weil nicht jede Region so sehr mit Trachtenläden gespickt ist wie der Süden, gibts hier ein paar Anleitungen für die ach so wichtigen Accessoires. Schließlich muss alles passen, zum Besuch auf der Wiesn oder zum Urlaub auf der Alm.

Fesche Dirndltasche*

Ganz einfach und ganz schnell ist diese Tasche genäht – der Filz macht die Verarbeitung leicht. Selbst völlige Näh-Anfänger werden hier nicht überfordert und können sich schon bald mit dieser Tasche im Dirndl-Style präsentieren.

Schnitt-Teile:
Vorlagen von den Seiten 106 und 107 kopieren, zusätzlich diese rechteckigen Taschenteile:
Boden 70 x 13 cm
Riemen 45,5 x 3,2 cm

Material:
Wollfilz 2 mm stark
Gemusterter Trachtenstoff aus Baumwolle
Rest Futterstoff in Kontrastfarbe zum Trachtenstoff
Magnetverschluss
Hübscher großer Knopf
30 cm Rüsche passend zum Trachtenstoff
Nähgarn farblich zum Trachtenstoff passend

1 Schneiden Sie aus dem Filz und aus dem Trachtenstoff die Teile Seite, Boden und Klappe je 1 x zu, den Riemen 2 x. Alle Filzstücke werden ohne Nahtzugabe zugeschnitten, alle Stoffteile mit den üblichen 1,5 cm Nahtzugabe. Den Kreis 2 x aus Filz zuschneiden.

2 Legen Sie den Boden aus Stoff auf die Rundungen der Seitenteile aus Stoff und steppen Sie die Rundungen 17 mm breit ab.

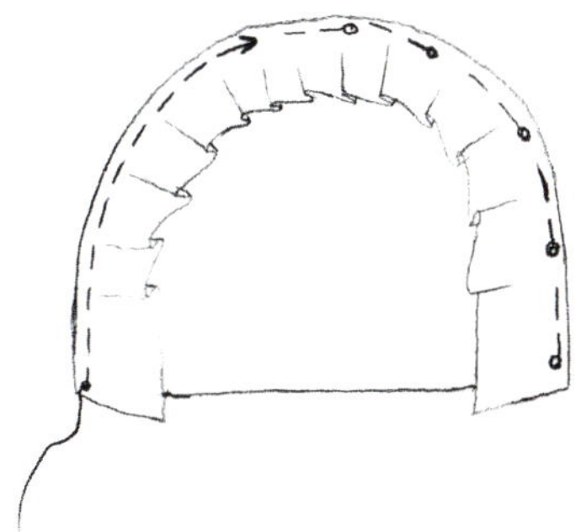

3 Bei den Stoffteilen die Nahtzugaben aller offenen Kanten nach links umlegen und bügeln.

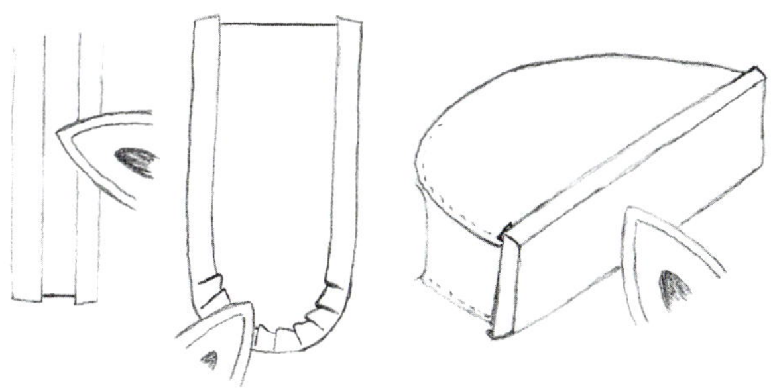

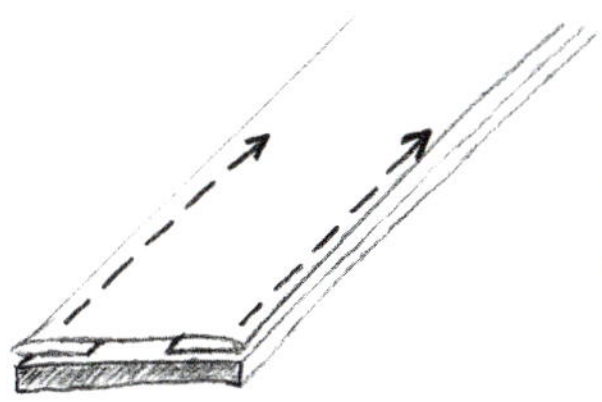

4 Die Riemen aus Stoff links auf links auf die Riemen aus Filz legen. An den Längsseiten 3 mm breit absteppen.

5 Die Klappe aus Stoff auf die Klappe aus Filz legen und 3 mm breit absteppen.

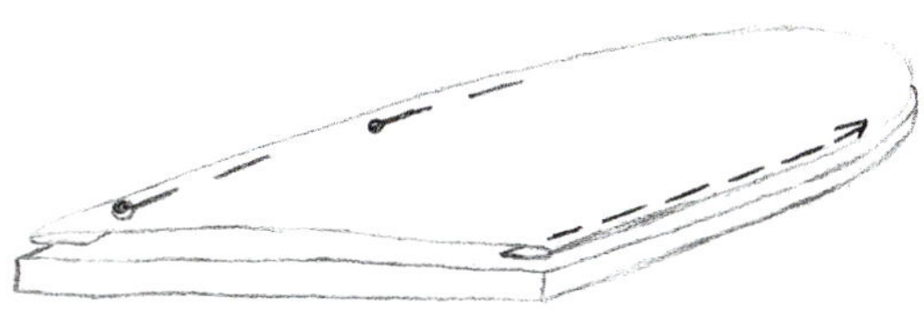

6 Legen Sie den Boden aus Filz auf die Rundungen der Seitenteile aus Filz und steppen Sie diese Teile 3 mm breit ab. Die gerade Seite der Seitenteile bleibt offen.

7 Die Riemen 7 cm von den äußeren und 5 cm von der geraden Kante der Filztasche feststecken. 3 mm breit absteppen.

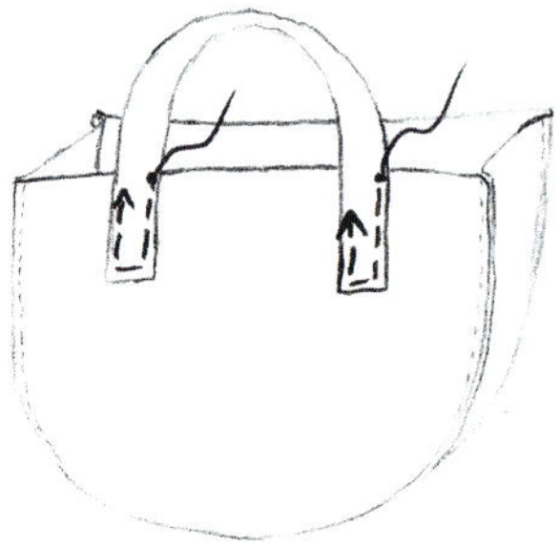

8 Die Klappe von innen mittig auf die Filztasche legen. Die Stecknadeln von außen durch die Seitenwand stecken.

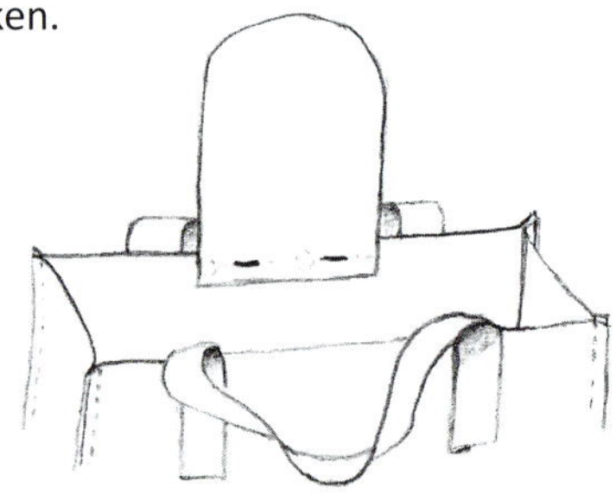

9 Das Baumwoll-Futter in die Tasche stecken, die Nähte in den Ecken aufeinanderlegen und mit Stecknadeln fixieren. An der oberen Kante 3 mm breit absteppen, dabei die Riemen und die Klappe mitfassen.

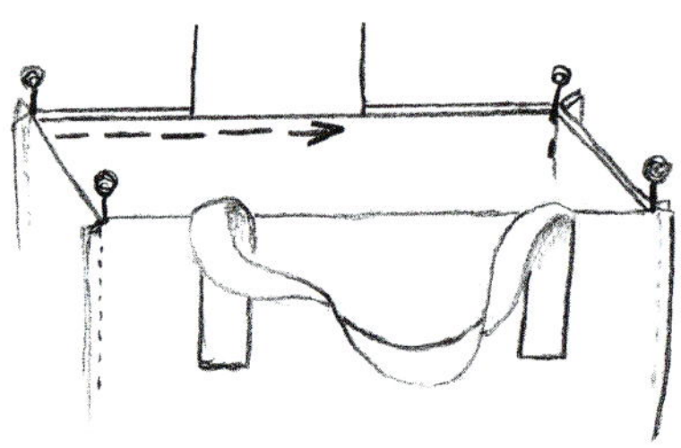

10 Die Dornen der Magnetverschluss-Hälften mittig durch die Filzkreise stecken und fixieren. Die eine Hälfte auf die Innenseite der Klappe nähen. Die andere Hälfte passend auf die Tasche, durch alle Lagen der Lasche bzw. der Seitenwand steppen.

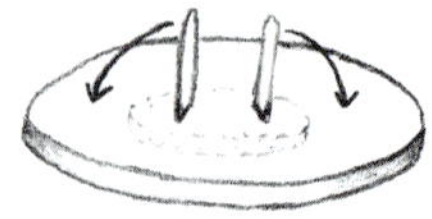

11 Die Rüsche halbieren, die vier Enden 1,5 cm breit nach links einklappen und bügeln. Auf den oberen Kanten der Schmalseiten der Tasche feststeppen.

12 Aus dem Rest Futterstoff ein Rechteck mit den Maßen 23 x 6 cm (ohne Nahtzugabe) zuschneiden. Der Länge nach in der Mitte falten und an der offenen langen Seite durch beide Stofflagen zwei parallele Nähte zum *Einkräuseln* (siehe Seite 90) setzen.

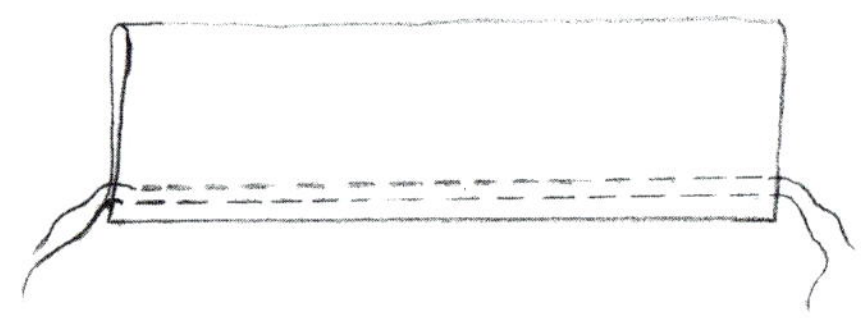

13 Futterstoff aus Punkt 12 doppelt legen, an der kurzen Seite 5 mm breit absteppen und versäubern. Zur Rosette einkräuseln.

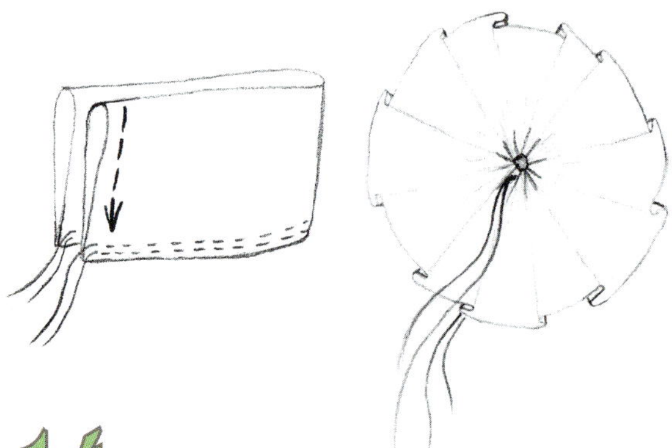

14 Auf die Mitte der Rosette den Knopf aufnähen und die Rosette von Hand außen auf die Klappe nähen. Dabei darauf achten, dass die Naht des Verschlusses verdeckt wird.

Geldbeutel*

Wer beim Skifahren oder im Festzelt stilgerecht bezahlen will, der ist mit diesem kleinen Geldbeutel gut beraten. Ein Filzrest von der Handtasche, ein wenig Spitze und eine selbstgemachte Applikation ergeben in der Summe ein wunderhübsches Kleinod.

Schnitt-Teile:
Vorlage von Seite 107 kopieren
Rechteck 11 x 6 cm

Material:
Wollfilz 2 mm stark
Reißverschluss 30 cm lang
2 x 13 cm Litze
Rest Rosafarbenes Satinband
Trachtenaccessoire
Nähgarn in Kontrastfarbe zum Filz

1 Das Schnitt-Teil **Geldbeutel** der Vorlage 1 x aus dem Filz zuschneiden, das Rechteck 2 x ausschneiden. Alle Teile ohne Nahtzugabe.

2 Das eine Rechteck 1 cm von der hinteren Mitte des **Geldbeutels** entfernt feststecken und mit einer Naht dort feststeppen. Mit dem zweiten Rechteck auf der anderen Seite ebenso verfahren.

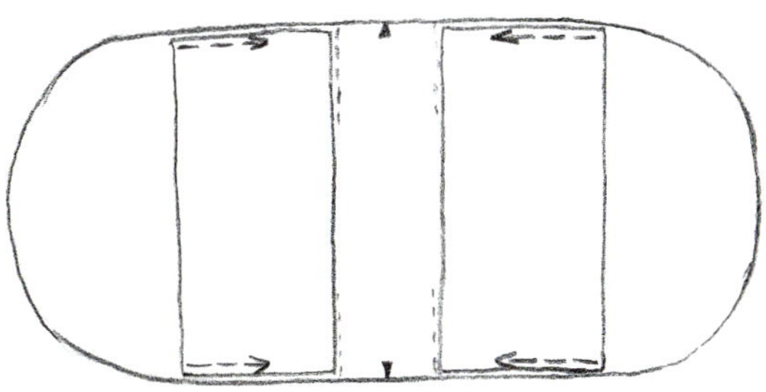

3 Den Reißverschluss an den offenen Kanten des Filzstücks feststecken. In den Rundungen leicht kräuseln, damit es hier nicht zu knapp wird. 3 mm breit absteppen, dabei die Rechtecke innen mit festnähen.

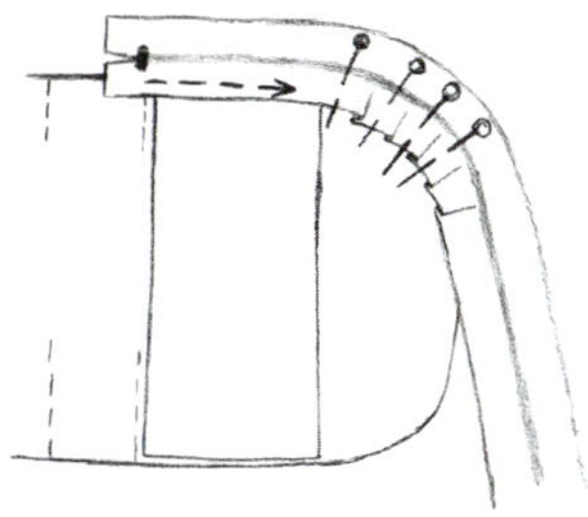

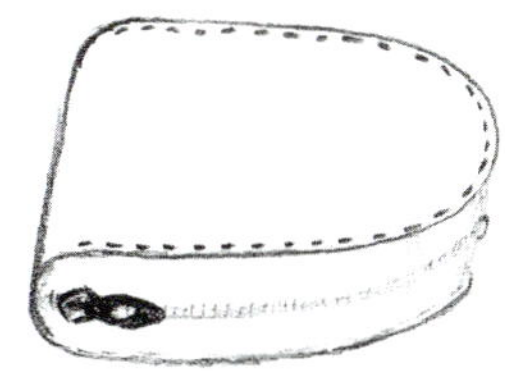

4 Das Satinband zur Schleife binden und hübsch zurechtzupfen. Das Trachtenaccessoire von Hand darauf nähen. Dabei die Schleife mit ein paar Stichen fixieren und die Dekoration gleichzeitig auf den Geldbeutel aufnähen.

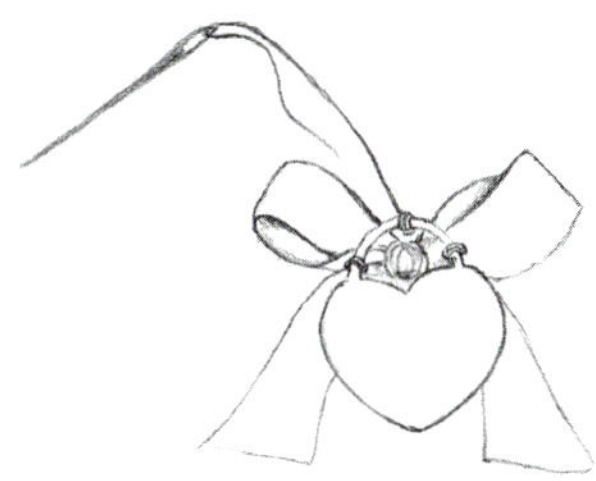

5 Die Enden der Litze an beiden Enden 1 cm nach links umlegen und bügeln. Von Hand auf beide Seiten des Geldbeutels aufnähen.

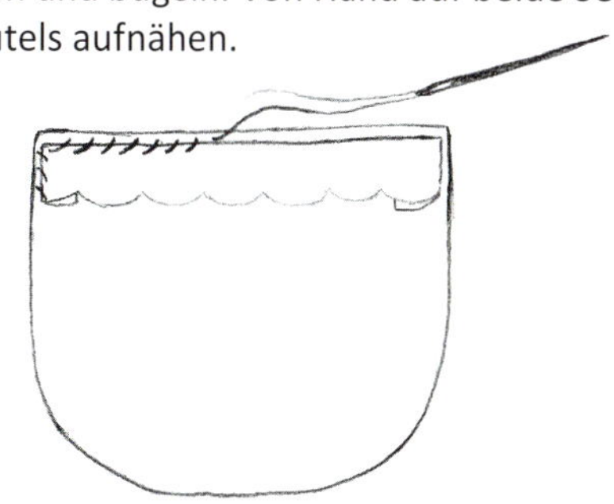

Edelweiße Smartphone-Hülle*

Smartphones sind ja mittlerweile jedermanns ständiger Begleiter. Aber hübsch sind sie nur selten. Und noch weniger stilecht. Aber dabei muss man sie natürlich dennoch haben. Passend zum Dirndl also eine Hülle, in der das Handy immer eine gute Figur macht. Jedenfalls solange, bis es mal unpassend klingelt.

Schnitt-Teile:
Vorlagen von Seite 109 kopieren, passend für ein iPhone

Material:
Wollfilz 2 mm stark
Gemusterter Trachtenstoff aus Baumwolle
Druckknopf
Aufbügelbares Patch in Trachentoptik
Nähgarn in Kontrastfarbe zum Filz

1 Schnitt-Teil **Front** und **Rückseite** je 1 x ohne Nahtzugabe aus Filz zuschneiden. Schnitt-Teil **Rückseite** 1 x aus Trachtenstoff zuschneiden. (mit den üblichen 1,5 cm Nahtzugabe)

2 Beim Stoffteil alle Nahtzugaben auf links umlegen und bügeln.

3 Rückseite aus Stoff und Rückseite aus Filz links auf links aufeinander legen und feststecken.

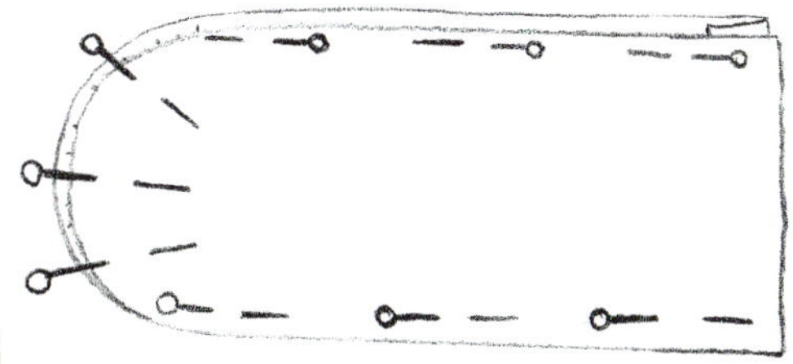

4 Front und Rückseite links auf links zusammenlegen, der Stoff liegt in der Mitte. Zusammenstecken und rundum mit einer Naht 3 mm breit absteppen.

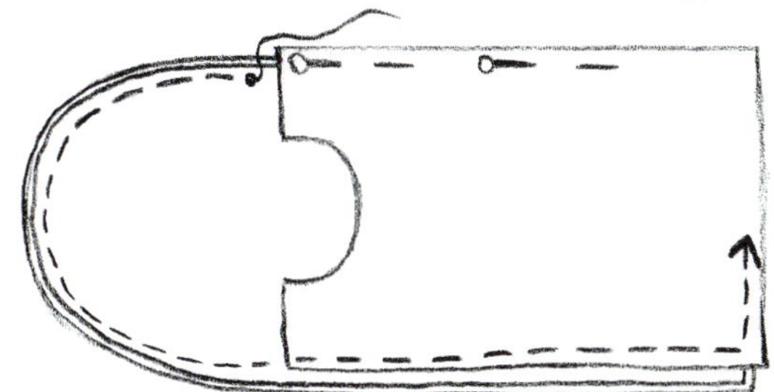

5 Den Druckknopf in Front und Rückseite einschlagen.

6 Das Patch aufbügeln.

Statt des Druckknopfes kann für empfindliche Geräte hier auch ein Verschluss aus Klettband eingearbeitet werden.

Zartes Brillenetui*

Weil auch hier unten im Süden, hoch über den Bergen, die Sonne scheint, ist die Sonnenbrille ständiger Begleiter. Was liegt also näher, als auch hierfür eine kleine, passende Tasche zu fertigen?

Schnitt-Teile:
Vorlage von Seite 108 kopieren

Material:
Wollfilz 2 mm stark
Gemusterter Trachtenstoff aus Baumwolle
Aufbügelbares Patch in Trachentoptik
Nähgarn in Kontrastfarbe zum Filz

1 Die Vorlage in Filz ohne Nahtzugabe zuschneiden, im Trachtenstoff 1 x mit Nahtzugabe.

2 Die Nahtzugabe des Stoffteils nach links umlegen, einschneiden und bügeln. mit der linken Stoffseite auf dem Filz feststecken, dabei die Nadeln von außen durch den Filz stecken.

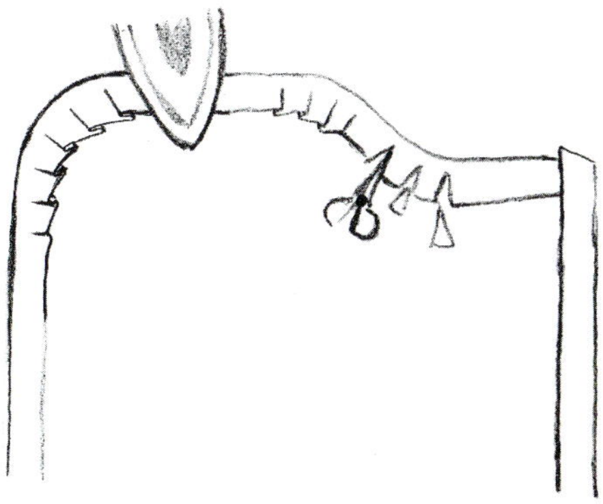

3 Den Stoff auf der gewellten Seite mit einer Naht auf dem Filz feststeppen.

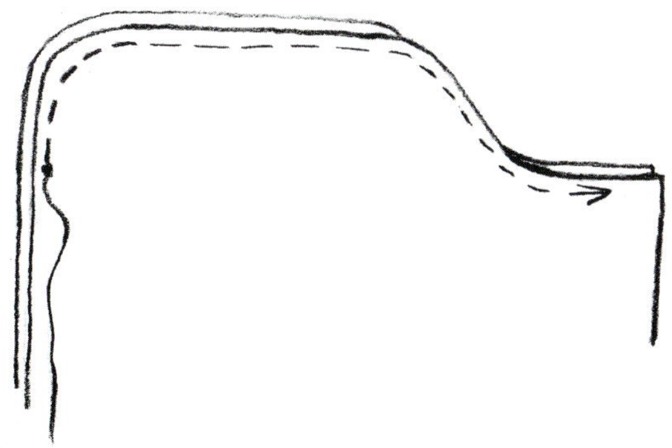

4 Die Arbeit mit der Stoffseite nach innen falten, die gewellte Seite zeigt nach oben, und an der Kante 3 mm breit absteppen.

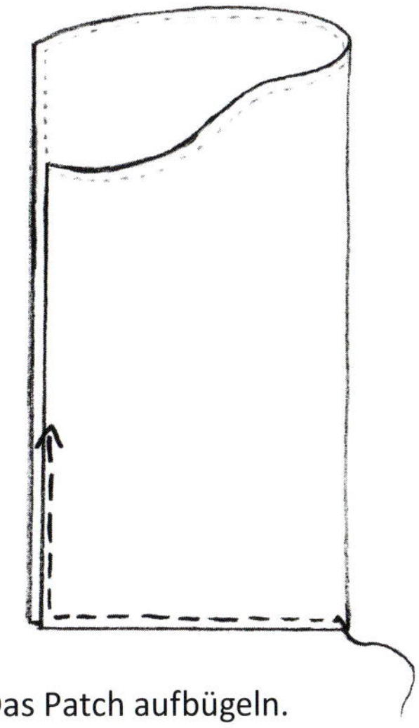

5 Das Patch aufbügeln.

Allgemeines zum Nähen

Nachmessen

In den Anleitungen finden Sie Maße, die sich in der Regel auf ein bestimmtes technisches Gerät beziehen (z.B. der E-Reader „Tolino"). Das jeweilige Modell ist in der Anleitung angegeben. Möchten Sie eine Tasche für ein anderes Gerät nähen, dann passen Sie die Maße daran an. Messen Sie, wann immer Sie können, direkt am Gerät nach und verlassen Sie sich nicht auf Herstellerangaben. Seien Sie lieber etwas zu großzügig, als zu geizig mit den Maßen Ihrer Tasche und überprüfen Sie während des Nähens wenn möglich immer mal wieder, ob Ihr Gerät auch noch in die Tasche passt. Enger nähen können Sie zwischendurch immer, aber einmal abgeschnittenen Stoff kann man nicht ohne weiteres wieder anflicken.

Stoffbedarf

Ich habe in den meisten Anleitungen auf eine Mengenangabe zur insgesamt benötigten Stoffmenge verzichtet, da Sie für die Taschen nur sehr wenig Stoff benötigen. Für keines der Projekte brauchen Sie mehr als einen halben Meter Stoff einer Sorte, meist ist es deutlich weniger.

Waschen

Achten Sie für robuste Alltagsbegleiter schon beim Einkauf auf waschbare Stoffe. Wenn Sie alle Stoffe, die Sie verwenden, vor dem Zuschneiden in die Waschmaschine stecken, dann können Sie Ihre Tasche später auch ohne Probleme waschen, falls der Alltag zu viele Spuren auf Ihrem Lieblingsstück hinterlassen hat. Lesen Sie aber vorher auf jeden Fall die Pflegehinweise der Stoffe, damit Sie keine bösen Überraschungen erleben. Einlagen knittern oft unangenehm, wenn sie einen Schleudergang mitmachen mussten, daher besser im Wollprogramm waschen. Ziehen Sie Ihre Taschen nass in Form, und stellen Sie sie zum Trocknen auf.

Stoffsorten

Grob unterschieden gibt es drei Sorten Stoffe: gewebte, gestrickte und Vliesstoffe. Für Taschen eigenen sich alle drei Sorten, solange sie eine gewisse Festigkeit mitbringen. Haben Sie sich in einen bestimmten Stoff verliebt, aber er ist zu leicht oder zu weich? Dann bügeln Sie eine Einlage auf die linke *Stoffseite* (siehe nächster Punkt), diese gibt Ihrem Wunsch-Stoff die benötigte Stabilität.

Stoffseiten

Stoffe haben in der Regel zwei gut erkennbare Seiten, eine schöne (die rechte) und eine nicht so schöne (die linke). Die rechte Seite ist die, die Sie bei Ihrem Werk sichtbar haben möchten. Welche das ist, können Sie selbst entscheiden. Machen Sie es sich aber zu Beginn Ihrer Arbeit klar, denn bereits beim Aufzeichnen der Schnittteile müssen Sie wissen, welche Seite die linke ist.

Fadenlauf

Gewebte Stoffe bestehen aus Kette und Schuss, die normalerweise im rechten Winkel zueinander verwebt werden. Der Fadenlauf entspricht der Webrichtung, läuft also senkrecht und parallel zu den Seiten der Stoffbahn. Mit dem Fadenlauf ist der Stoff in der Regel nicht elastisch und sehr stabil, Taschenkörper und auch Futter sollten Sie daher immer im Fadenlauf zuschneiden. Diagonal zum Fadenlauf sind Stoffe eher flexibel und geben nach. *Schrägband* (siehe Seite 91) wird daher immer diagonal zum Fadenlauf zugeschnitten.

Stoffbruch

Legen Sie ein Stück Stoff doppelt, dann wird die Falte, an der Sie den Stoff umlegen, als Stoffbruch bezeichnet. Taucht der Begriff auf einem Schnittteil auf, dann müssen Sie den Stoff für dieses Teil doppelt legen, und die mit „Stoffbruch“ markierte Seite des Schnittteils an die Falte anlegen (an dieser Seite dann ohne *Nahtzugabe*).

Stoffkante

Gemeint ist die Stelle, an der der Stoff endet. Das kann eine offene Kante sein, an der der Stoff einlagig liegt, oder auch eine umbügelte, versäuberte, umgenähte oder festgesteppte Kante.

Einlagen

Mit Einlagen können Sie Stoff verstärken oder versteifen, oder auch zwei Stoffe miteinander verbinden. In diesem Buch verwende ich ausschließlich aufbügelbare Einlagen. Die Stärken variieren je nach Verwendung. Das dünnste verwendete Material ist ein reines Klebevlies, das zwischen zwei Trägerpapieren liegt. Das dickste ist 1 mm stark und eignet sich als Taschenboden. Steht in der Anleitung nichts anderes, dann wählen Sie beim Stoffkauf eine Einlage, die zur Stärke Ihres Stoffes passt - oder lassen Sie sie weg, wenn Sie einen Stoff verwenden, der selbst steif und stabil genug ist.

Nahtzugabe

Jedes Stück Stoff, das Sie auf ein anderes nähen möchten, braucht eine Nahtzugabe. Ich verwende bei allen Anleitungen eine Nahtzugabe von 1,5 cm auf allen Seiten des Stoffstückes, es sei denn, es ist ausdrücklich anders angegeben. Beim Übertragen der Vorlagen auf Ihren Stoff bedeutet das, dass Sie das Schnittteil aufzeichnen (das ist Ihre Nahtlinie), und dann 1,5 cm von der aufgezeichneten Linie entfernt eine zweite Linie ziehen, an der Sie das Stoffteil dann ausschneiden. Auch jedes Rechteck, das als Schnittteil am Beginn einer Anleitung genannt ist, muss mit Nahtzugabe auf den Stoff übertragen werden.

Nähte/Nahtbreite

Alle verwendeten Nähte in diesem Buch sind Standard-Nähmaschinen-Nähte, es sei denn, es wird in der Anleitung eine andere Naht empfohlen. Die Nahtbreite bezeichnet den Abstand der Naht zur Stoffkante. Eine 3 mm breite Naht bedeutet also, dass 3 mm von der Stoffkante entfernt genäht werden soll. Alle Nähte, die Sie zum Zusammennähen von Stoff setzen, müssen Sie am Anfang und am Ende vernähen: 3 Stiche vorwärts, 3 zurück und dann wieder vorwärts, am Ende der Naht entsprechend. Es gibt zu dieser Regel auch Ausnahmen, zum Beispiel die Naht zum *Einkräuseln* (siehe Seite 90).

Kanten absteppen

Das bedeutet nicht weiter, als dass Sie entlang einer Naht oder Kante eine weitere Naht setzen, um diese zu betonen oder auch, um die *Nahtzugabe* auf der Innenseite Ihrer Näharbeit zu fixieren. Absteppnähte können Sie noch besonders betonen, indem Sie kontrastfarbiges Garn verwenden, eine größere Stichweite wählen oder einen stärkeren Stich. Falls Ihre Nähmaschine veschiedene Zierstiche zur Auswahl hat, können Sie auch damit experimentieren.

Verstürzen

Verstürzen bedeutet im Prinzip nichts anderes, als zwei Stoffstücke rechts auf rechts zu legen, mit einer Naht aufeinander zu nähen, die *Nahtzugabe*n auf etwa 5 mm zurückzuschneiden und die *Naht auszuarbeiten* (siehe rechts). Die Arbeit wird anschließend auf rechts gewendet und erneut gebügelt, die *Kante abgesteppt* (siehe Seite 89).

Einkräuseln

Klingt komplizierter, als es ist: Setzen Sie mit großen Stichen (mindestens 3 mm Stichlänge) zwei parallele Nähte, eine rechts und eine links Ihrer Nahtlinie, mit einem Abstand von ca. 2 mm. Wenn Ihr Nähte nicht ganz gerade sind, dann wählen Sie einen größeren Abstand, bei dem Sie die Nähte sicher nicht überkreuzen. Lassen Sie am Anfang und am Ende mindestens 15 cm Faden überstehen und vernähen Sie die Kräuselnähte nicht.

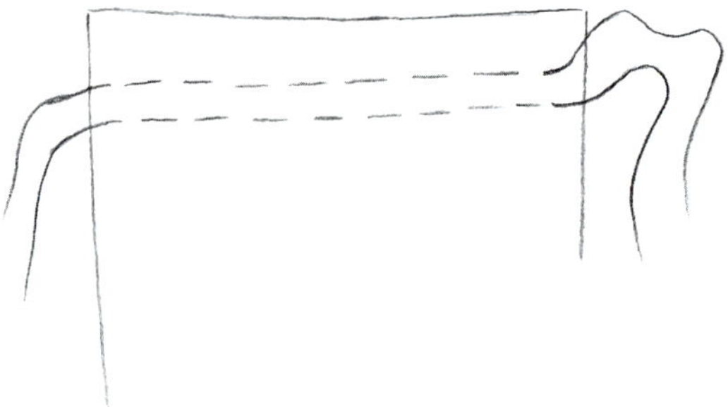

Anschließend ziehen Sie jeweils einen der beiden Fäden jeder Naht stramm und schieben gleichzeitig den Stoff zusammen. Kräuseln Sie so weit ein, wie Sie es für Ihr Projekt brauchen. Rutschige Stoffe fixiere ich jetzt mit einer schnellen Naht einmal auf der Nahtlinie, weniger rutschige Stoffe können einfach auf dem zweiten Stoffstück festgesteckt und vernäht werden.

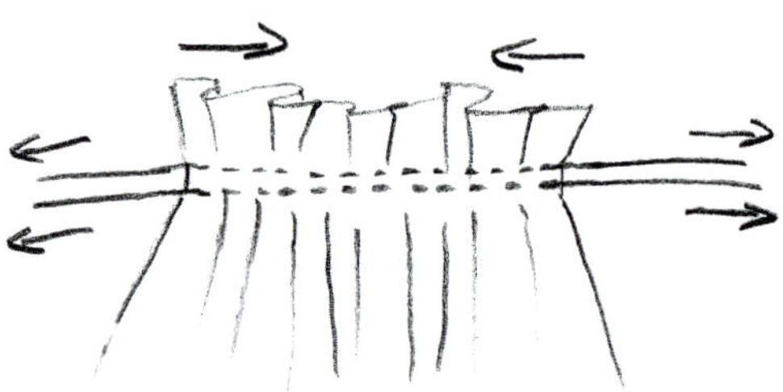

Nähte ausarbeiten

Die *Nahtzugabe* muss nach jeder Naht, die Sie setzen, nachbearbeitet werden:

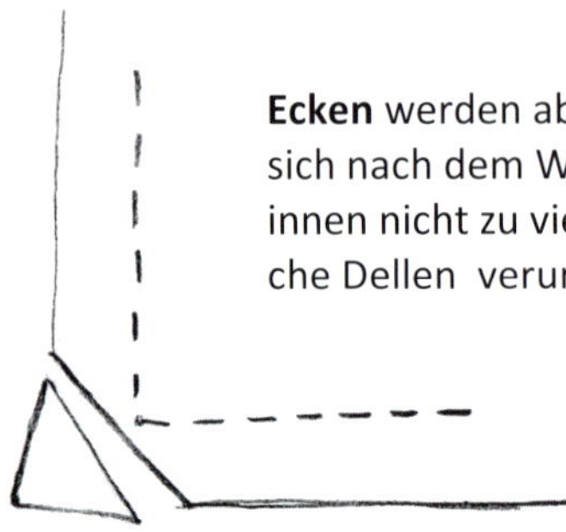

Ecken werden abgeschnitten, damit sich nach dem Wenden der Arbeit innen nicht zu viel Stoff ballt und hässliche Dellen verursacht.

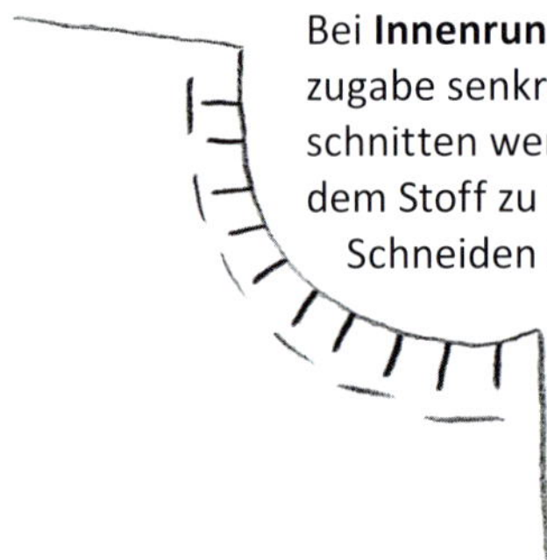

Bei **Innenrundungen** muss die Nahtzugabe senkrecht zur Naht eingeschnitten werden, um Spannung aus dem Stoff zu nehmen. Aber Vorsicht: Schneiden Sie auf keinen Fall in die Naht.

Außenrundungen werden ebenfalls senkrecht zur Naht eingeschnitten, aber V-förmig. So nehmen Sie eine Menge überschüssigen Stoff aus der Nahtzugabe, der sich sonst nach dem Wenden auf der Innenseite in Falten legen und Dellen verursachen würde. Achten Sie auch hier unbedingt darauf, dass Sie nicht in die Naht schneiden.

Nach dem Einschneiden folgt das **Aufbügeln** der Naht. Dafür gehen Sie mit der Spitze des Bügeleisens zwischen die Nahtzugaben und bügeln die Naht möglichst glatt. Anschließend die Arbeit wenden, und von rechts ebenfalls glattbügeln.

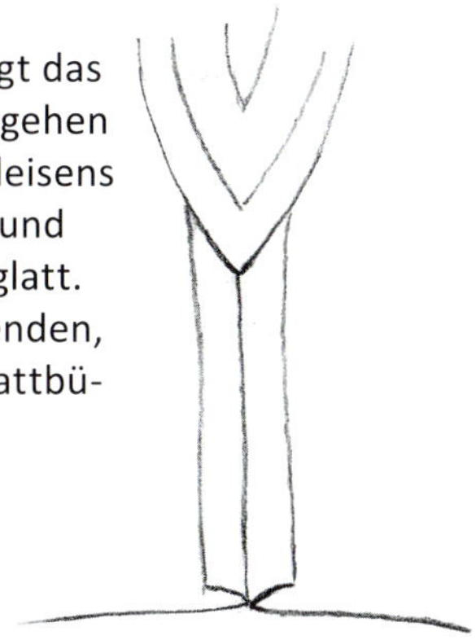

Außenrundungen und *Innenrundungen* bügeln Sie am einfachsten auf einem Armelbügelbrett mit Handtuchrolle. Rollen Sie dafür ein Frottee-Handtuch zu einer engen Rolle und stecken Sie es mithilfe eines Küchen-Handtuchs auf Ihrem Ärmel-Bügelbrett fest.

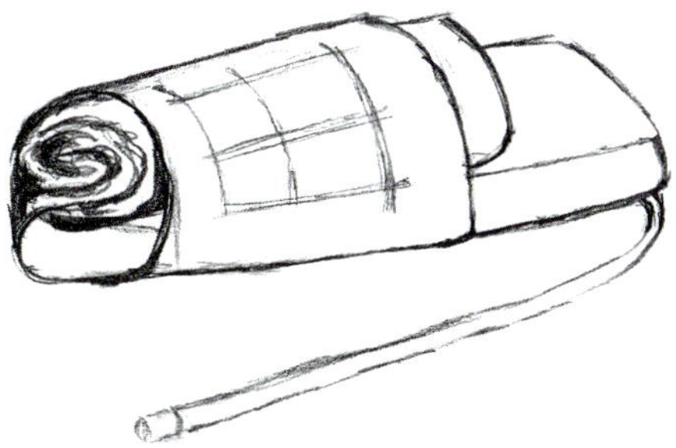

Schrägband

Ich liebe Schrägband! Kanten, die damit versäubert werden, sehen immer wunderbar akkurat aus. Selbstgemachtes Schrägband bedeutet zwar etwas mehr Aufwand als das gekaufte aus dem Handel, dafür ist es aber auch perfekt an den eigenen Geschmack und die Stoffauswahl des jeweiligen Projektes angepasst.
Schrägband kann man auf mehrere Arten herstellen:

Für kleine Mengen müssen Sie als erstes den *Fadenlauf* (siehe Seite 88) Ihres Stoffstückes bestimmen. Zeichnen Sie mithilfe eines Geodreiecks eine diagonale Linie zum *Fadenlauf* in der benötigten Länge und dann im Abstand von 3,8 cm ein Parallele dazu. Schneiden Sie den schmalen Streifen aus und verarbeiten Sie ihn weiter.

Für größere Mengen ab 1 m Schrägband benötigen Sie ein rechteckiges Stoffstück mit einem *Fadenlauf* parallel zu den Stoffkanten. Legen Sie eine Ecke der Stoffbahn mit der Stoffkante im rechten Winkel links auf links aufeinander, so bekommen Sie eine Faltlinie diagonal zum *Fadenlauf*. Stoff wieder aufklappen und Faltlinie nachzeichnen.

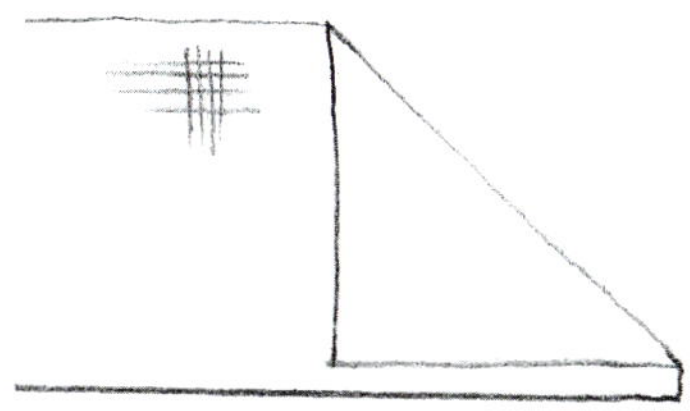

An dieser Linie entlang zeichnen Sie nun parallele Linien im Abstand von 3,8 cm zueinander an. Außerdem an den Längsseiten der Stoffbahn 5 mm Nahtzugabe einzeichnen. Die unlinierten Dreiecke, die oben und unten entstanden sind, schneiden Sie einfach ab, Sie brauchen nur die Stoffbahn mit den parallelen Linien.

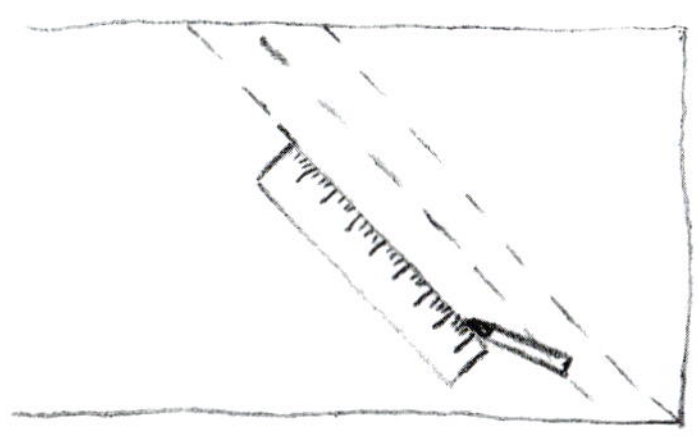

Legen Sie den Stoff auf rechts aufeinander, so dass die Linien sich auf der Nahtlinine kreuzen und stecken Sie sie dort fest. Achten Sie darauf, dass je eine Breite Schrägband oben und unten übersteht. Nähen Sie den Stoff auf der eingezeichneten Nahtlinie 5 mm breit zu

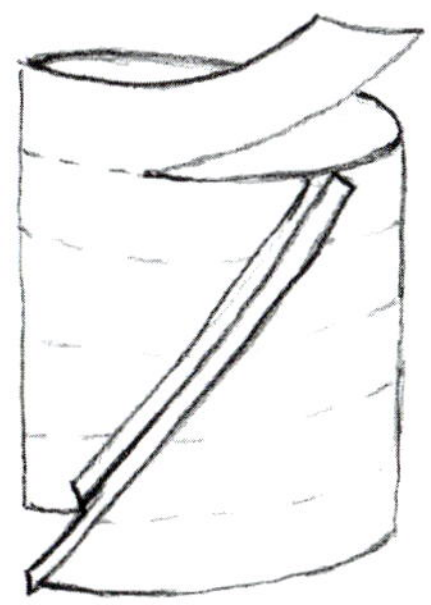

einem Tunnel zusammen. Naht auseinanderbügeln. Nun fangen Sie am oberen Streifen an, zu schneiden. Immer rundherum die Linie spiralförmig entlang und Ihr Schrägband wird immer länger.

Egal, ob Sie 20 cm oder 2 m Schrägband zugeschnitten haben, der folgende Schritt ist der gleiche: die Längsseiten zur Mitte hin nach links einklappen und bügeln. Das Resultat ist im Grunde exakt das, was man auch kaufen kann, nur eben aus dem richtigen Stoff.

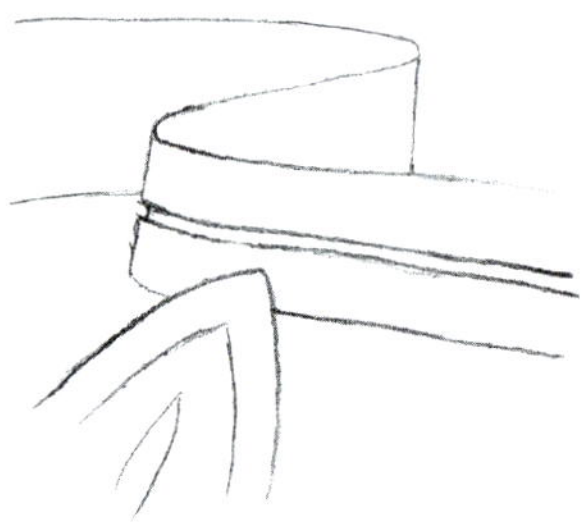

Einfassen mit Schrägband

Klappen Sie eine Seite des Schrägbandes auf und legen Sie es mit der Kante exakt auf die Kante, die Sie einfassen wollen (rechte Seite Schrägband auf linke Stoffseite). Lassen Sie das Schrägband an den Enden 1 cm breit überstehen. Steppen Sie Stoff und Schrägband 1 cm breit aufeinander und schneiden Sie die *Nahtzugabe* auf 7 mm zurück.

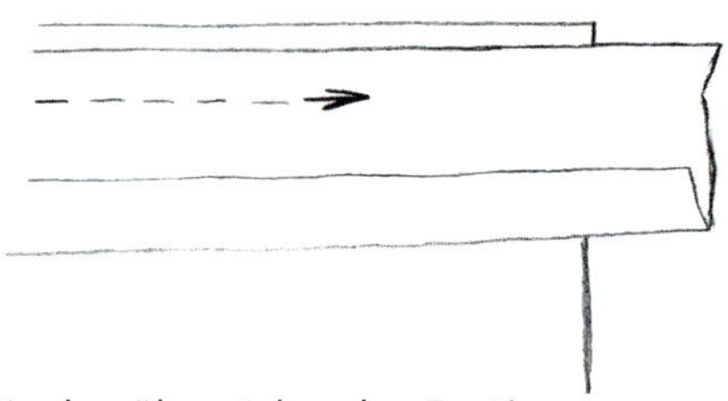

Klappen Sie den überstehenden Zentimeter um und bügeln Sie ihn, um ihn dort zu fixieren.

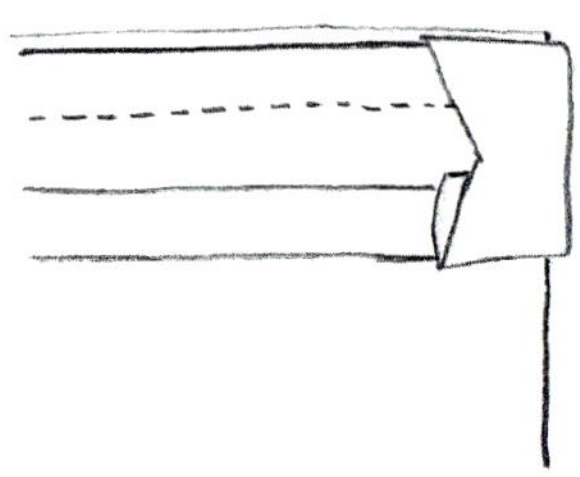

Anschließend das Schrägband an der Naht umklappen und glattbügeln. Weiter umlegen, dabei möglichst eng über die Stoffkante falten. Auf der rechten Stoffseite feststecken, dabei darauf achten, dass die Kante des Schrägbandes hier auf der rechten Stoffseite ein klein wenig über das Schrägband auf der linken Stoffseite hinausragt. Möglichst knappkantig absteppen.

Bänder aus Schrägband

Für schmales Band (1,9 cm breit) falten Sie Ihr Schrägband längs und bügeln Sie die Kante. Anschließend mit zwei Nähten knappkantig absteppen.

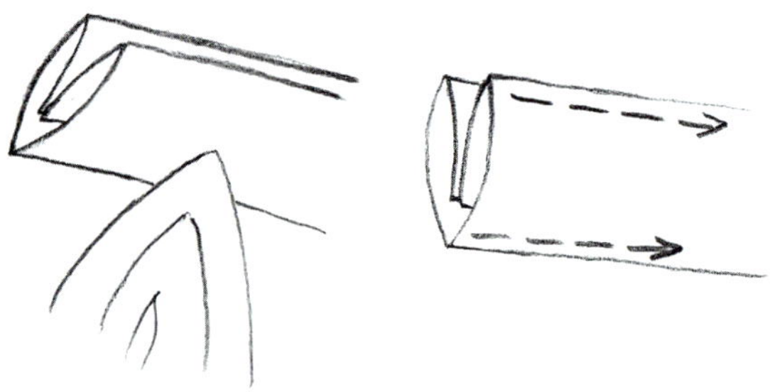

Bänder mit 3,8 cm Breite erhalten Sie, indem Sie einfach zwei Streifen Schrägband mit den offenen Seiten aufeinandernähen.

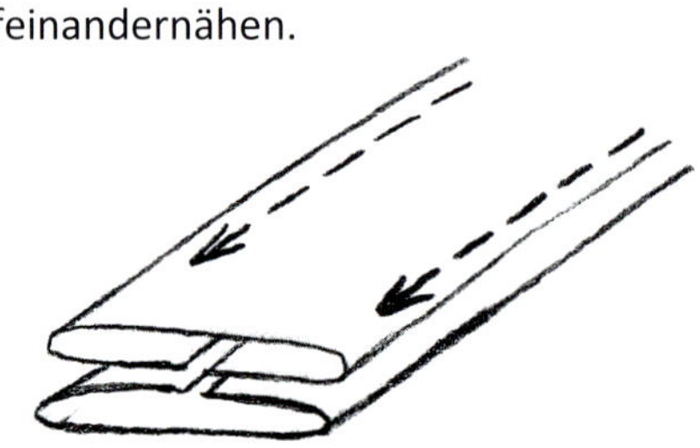

Reißverschluss

Schneiden Sie *Nahtzugaben* an Kanten, an denen Sie einen Reißverschluss einnähen möchten, immer auf 1 cm zurück. Legen Sie eine Kante des Reißverschlusses exakt auf die Kante Ihres Stoffstückes (rechts auf rechts) und nähen Sie beides knappkantig aufeinander.

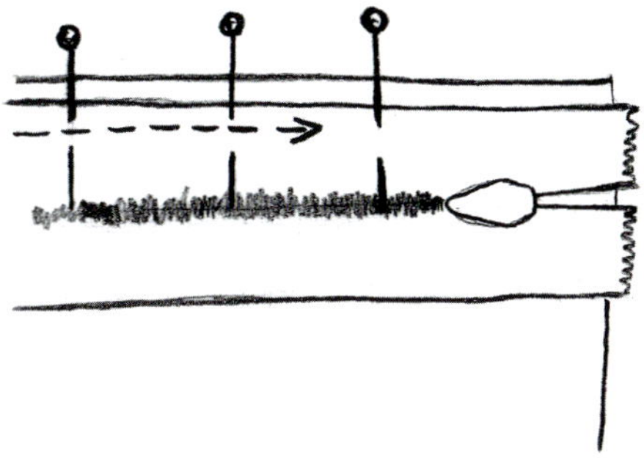

Nachdem Sie auch die zweite Kante des Reißverschlusses so eingenäht haben, öffnen Sie den Reißverschluss und wenden die Arbeit auf rechts. Bügeln Sie die Stoffkanten auf die Breite, die Sie gern hätten zurück und steppen Sie sie von außen fest. Nehmen Sie dafür das entsprechende Nähmaschinenfüßchen.

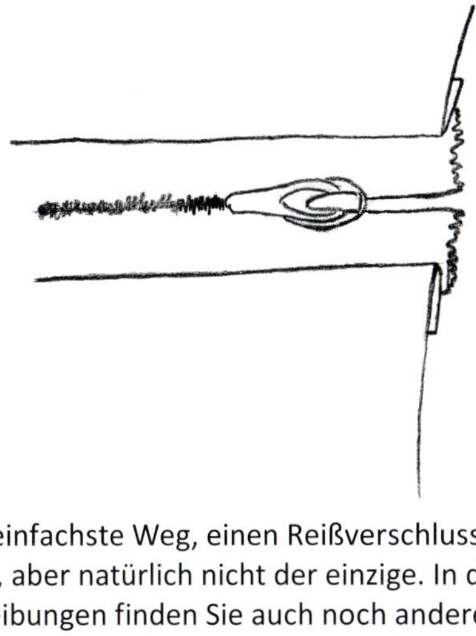

Das ist der einfachste Weg, einen Reißverschluss einzunähen, aber natürlich nicht der einzige. In den Nähbeschreibungen finden Sie auch noch andere Wege oder Zwischenschritte, zum Beispiel, wenn die letzte Absteppnaht gleichzeitig das Futter im Innenleben der Tasche fixieren soll. Folgen Sie im Zweifel immer der Anleitung.

Überwendlingsstich

Es gibt viele verschiedene Stiche und Techniken für das Nähen von Hand. Für die Projekte in diesem Buch brauchen Sie aber eigentlich nur einen Stich für das simple Verbinden zweier Stoffkanten, den Überwendlingsstich. Dafür sichern Sie den Beginn Ihrer Naht mit einem Knoten, der nicht durch den Stoff rutscht, und führen dann die Nadel einfach immer wieder in kleinen Diagonalen durch beide Stoffkanten. Dabei arbeiten Sie sich Stück für Stück an der Kante entlang. Zum Schluss wieder mit einem Knoten sichern.

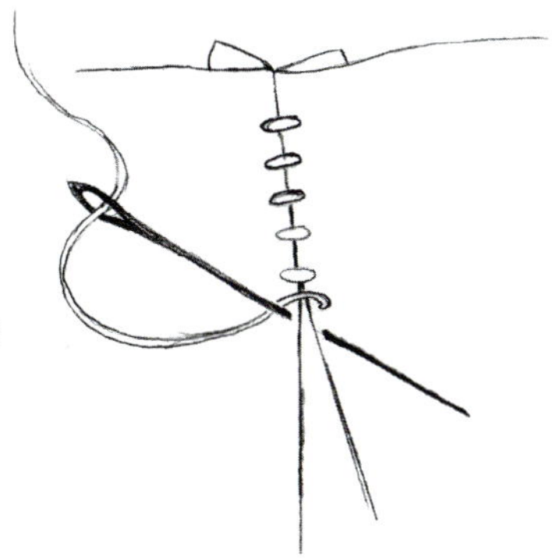

Vorlagen und Schnitteile

Auf den folgenden Seiten finden Sie die Vorlagen für die Projekte, auf die am Beginn der Anleitungen jeweils verwiesen wird. Kopieren Sie sie auf Papier und schneiden Sie sie aus. Ich empfehle Ihnen, jedes Schnittteil, das in der Anleitung genannt wird, auf Papier zu bringen, auch die simplen Rechtecke, dann haben Sie den Schnitt für ein Projekt immer komplett beisammen, und müssen nicht erst im Buch nachlesen, welche Teile Ihnen noch fehlen. Eine zweite Tasche für die Freundin, der Ihr Lieblingsstück so gut gefallen hat, ist dann ganz schnell genäht.
Kopieren Sie sich den Umriss und alle Symbole und Beschriftungen von der Vorlage. Sie vereinfachen sich die Arbeit zusätzlich, wenn Sie Schnittteile, die an den *Stoffbruch* (siehe Seite 88) angelegt werden sollen, gleich auf Ihrem Papierschnitt an der Bruchkante spiegeln – dann haben Sie das Teil bereits vollständig auf Papier und müssen später beim Übertragen auf Stoff weniger nachdenken.

N5165
JAPAN MADE

Alle Vorlagen können Sie sich auhc unter folgendem Link herunterladen:
www.bassermann-verlag.de/mein-stil-meine-tasche

Summerstyle

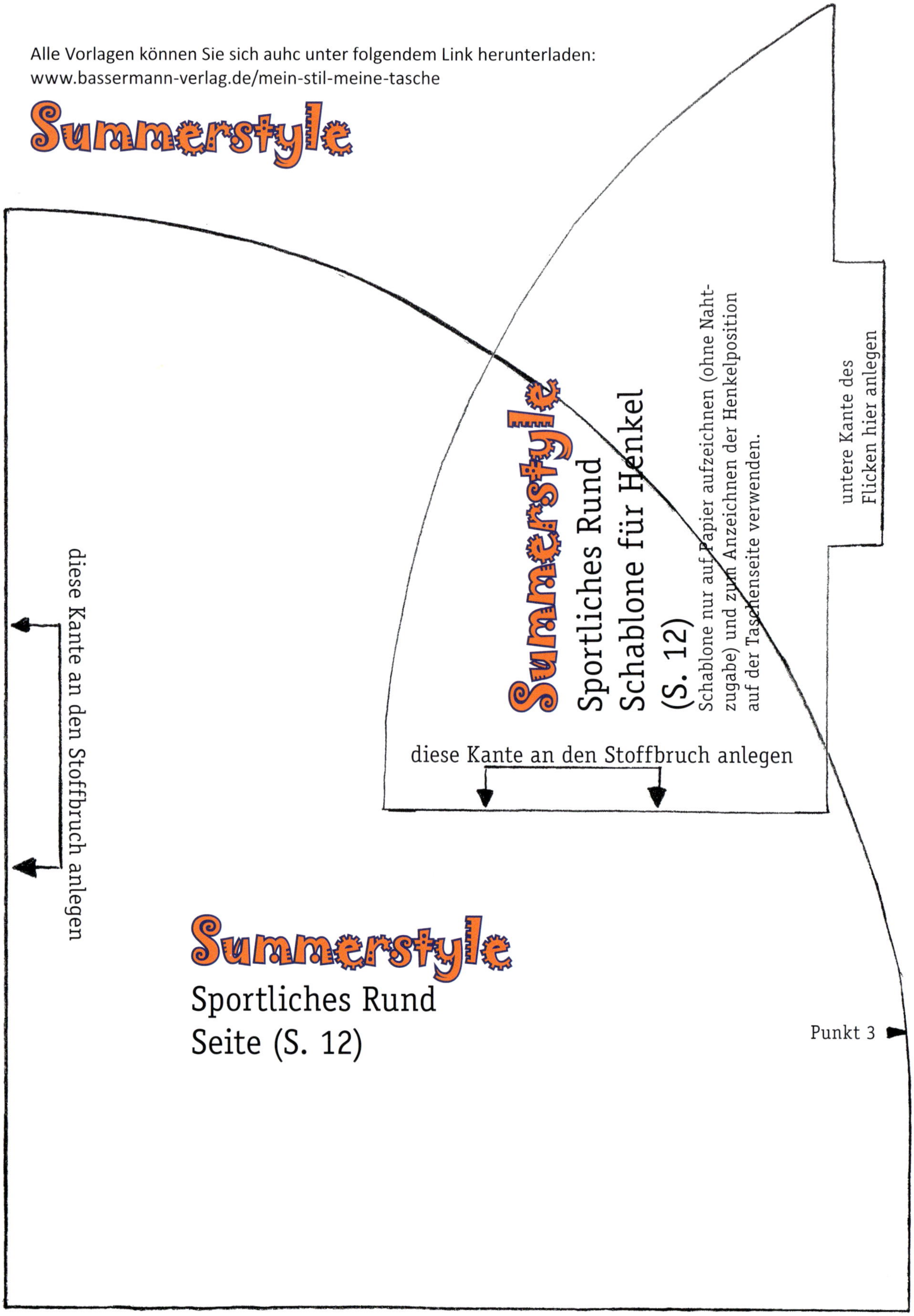

Boden-Seite-Futter: zeichnen Sie das Schnitt-Teil „Seite“ auf, dann verlängern Sie die gerade Kante um 23 cm und zeichnen gegengleich noch einmal das Schnitt-Teil „Seite“ auf. Am Schluss haben Sie ein Schnittteil, das so aussieht:

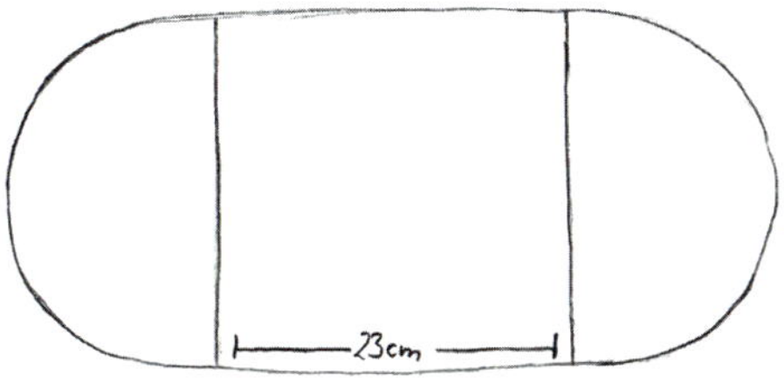

Umklapplinie

diese Kante an den Stoffbruch anlegen

Öse

Summerstyle
Transportrolle
Verschluss (S. 20)

Summerstyle
Sportliches Rund
Top (S. 12)

Reißverschluss an dieser Kante ansetzen

Stoffbruch

Mitte oben

Summerstyle
Sportliches Rund
Front (S. 12)

Mitte unten

Summerstyle

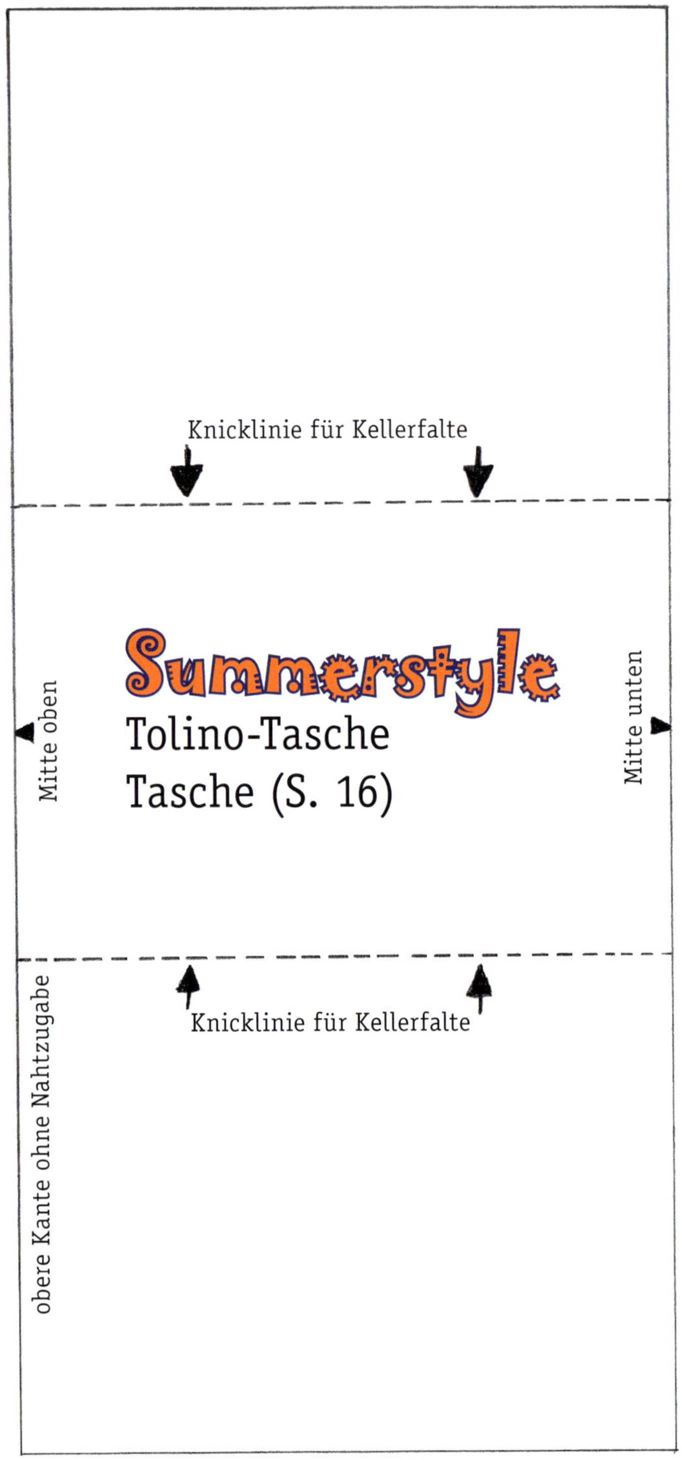

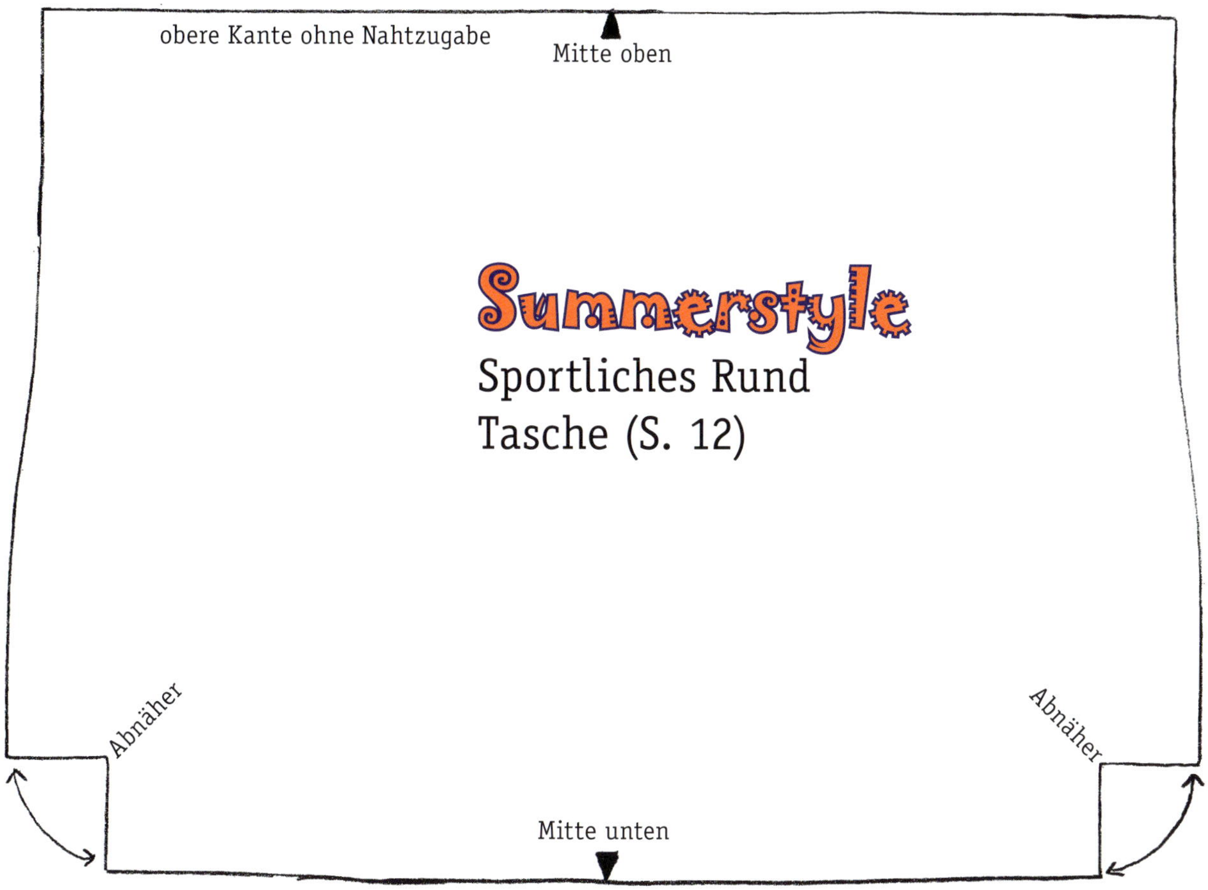
obere Kante ohne Nahtzugabe
Mitte oben
Summerstyle
Sportliches Rund
Tasche (S. 12)
Abnäher
Abnäher
Mitte unten

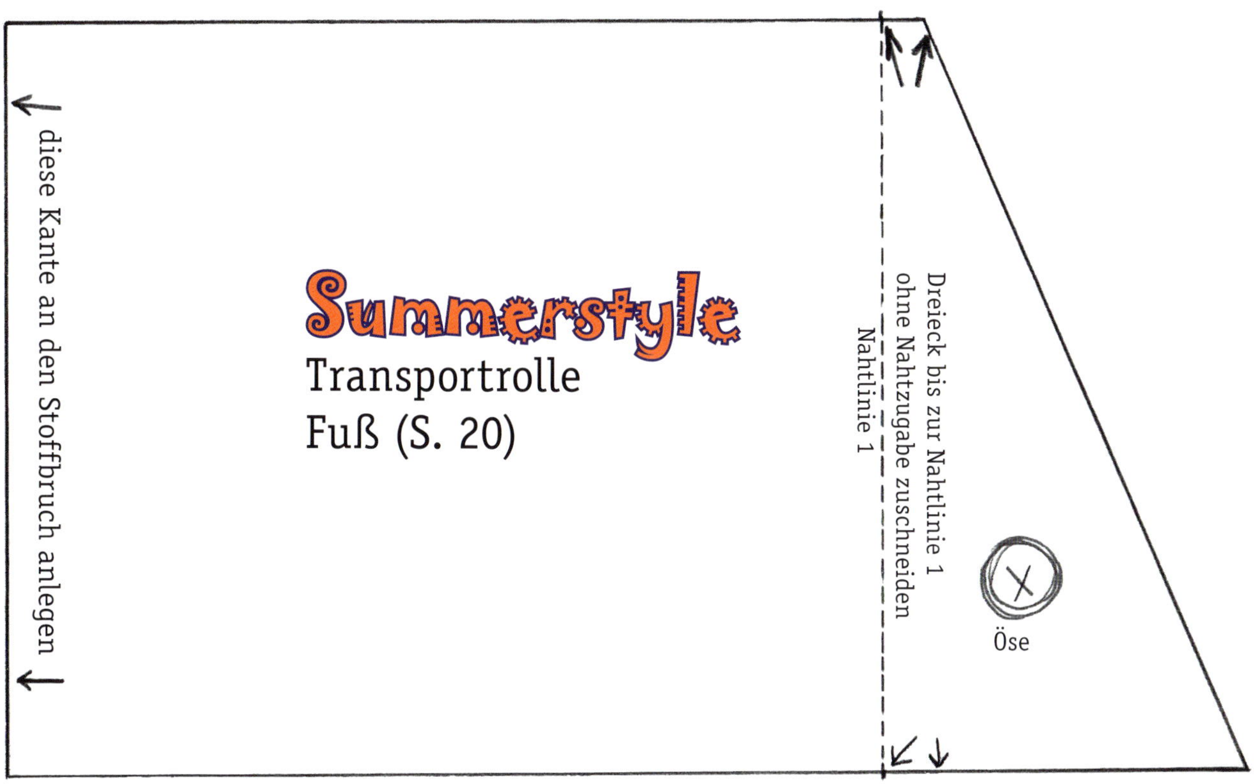
diese Kante an den Stoffbruch anlegen
Summerstyle
Transportrolle
Fuß (S. 20)
Dreieck bis zur Nahtlinie 1
ohne Nahtzugabe zuschneiden
Nahtlinie 1
Öse

Summerstyle

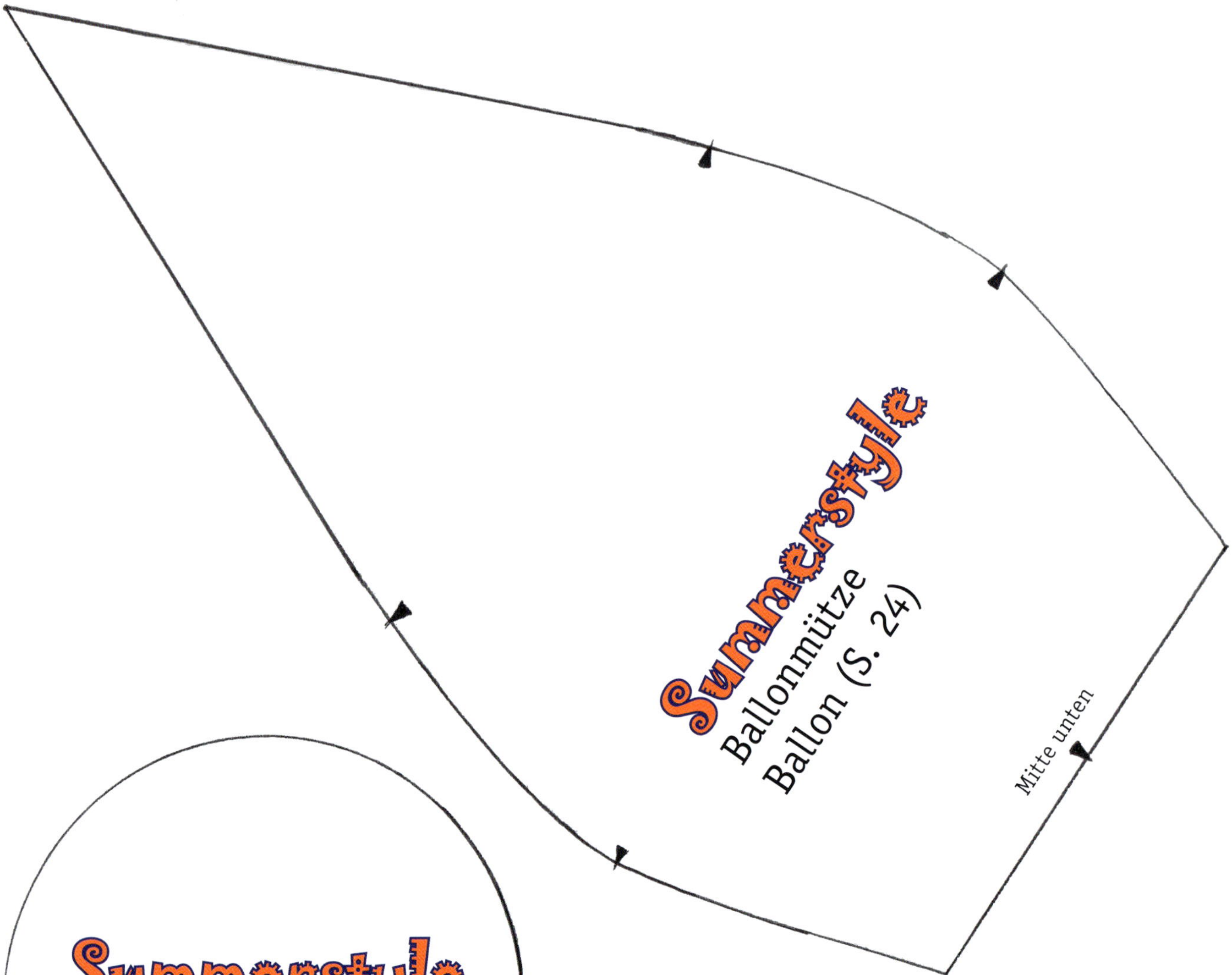

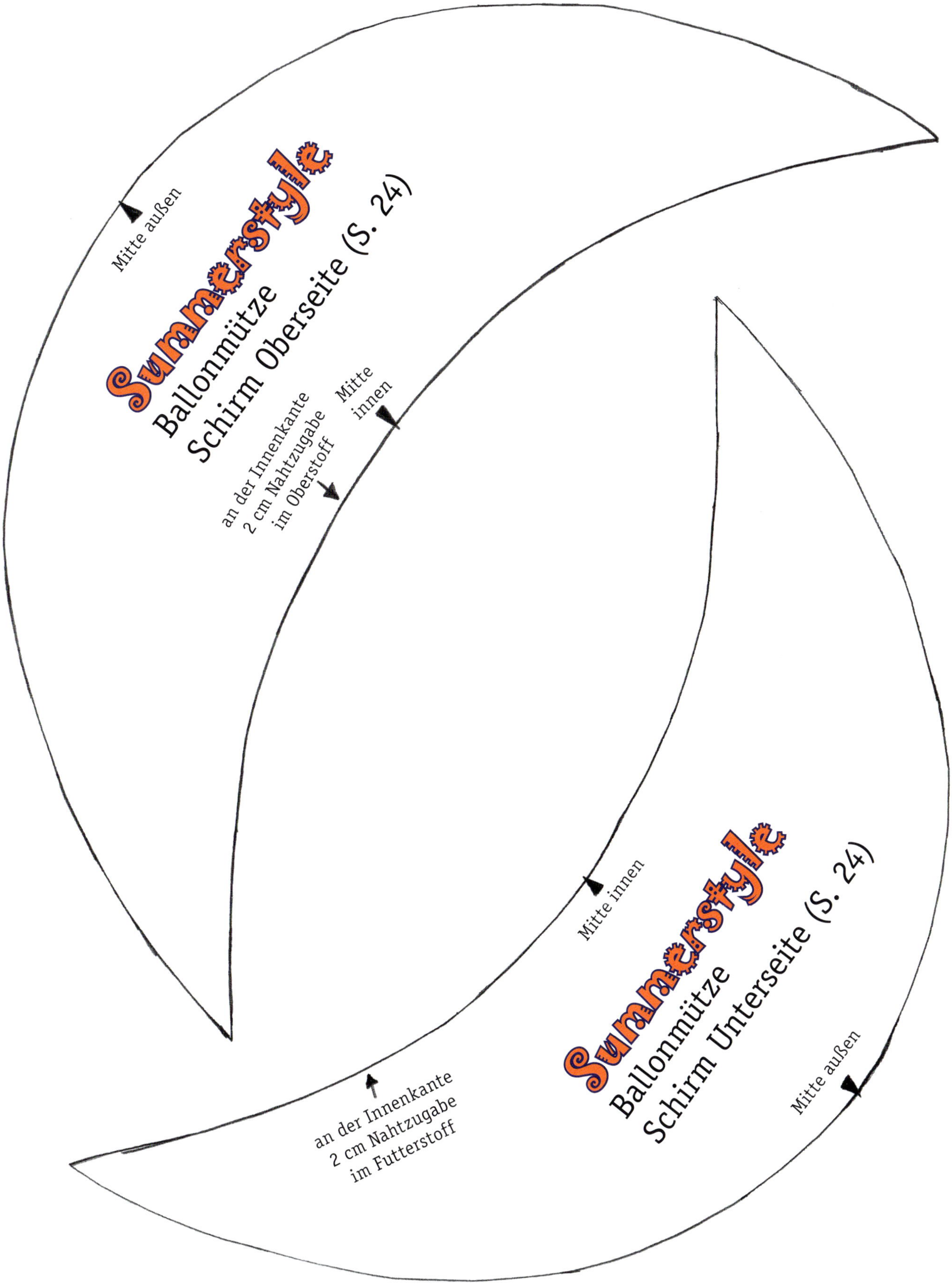
Mitte außen
Summerstyle
Ballonmütze
Schirm Oberseite (S. 24)
an der Innenkante
2 cm Nahtzugabe
im Oberstoff
Mitte
innen
Mitte innen
Summerstyle
Ballonmütze
Schirm Unterseite (S. 24)
Mitte außen
an der Innenkante
2 cm Nahtzugabe
im Futterstoff

Glitzer Royal

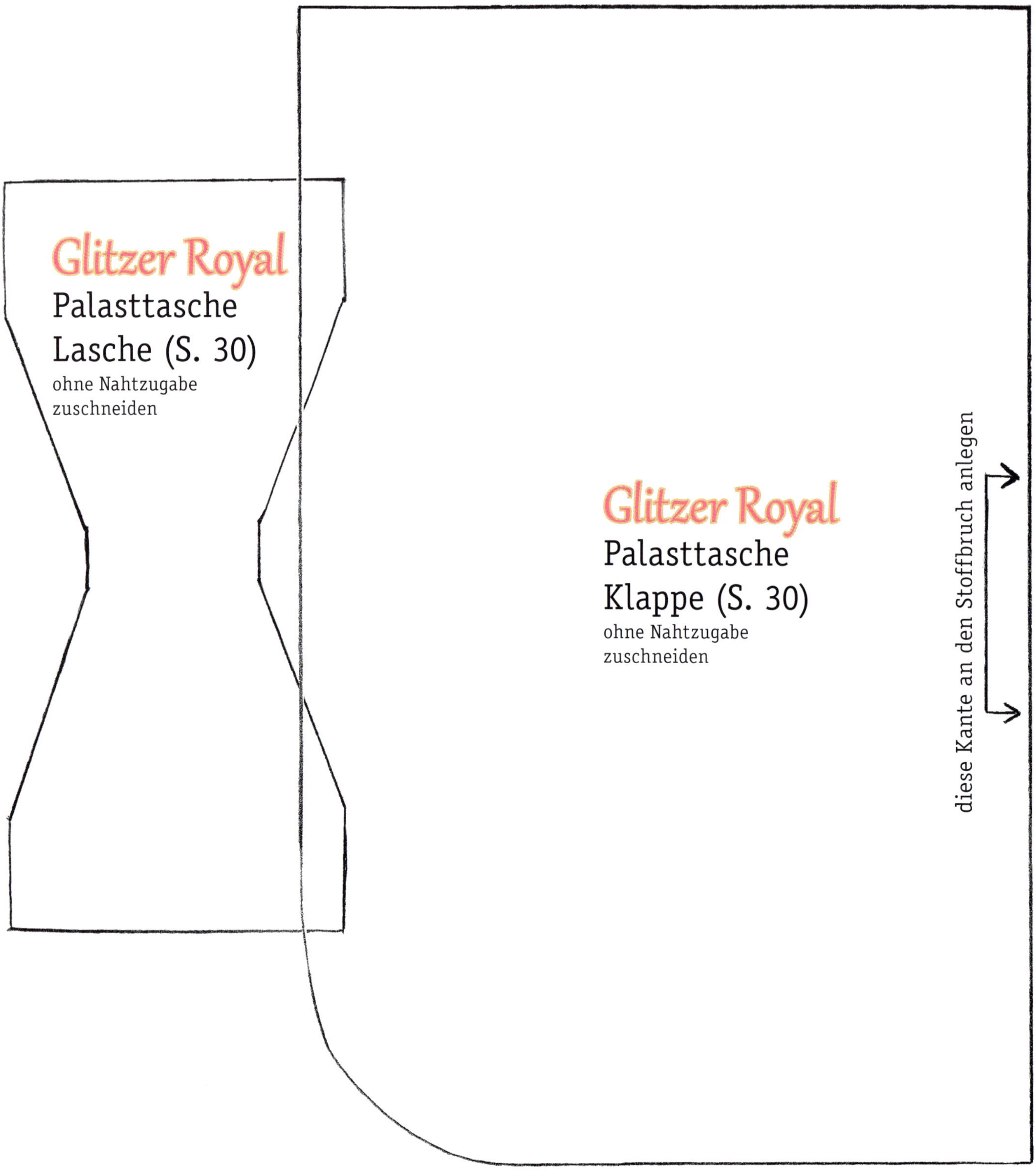

Glitzer Royal
Palasttasche
Oval (S. 30)
ohne Nahtzugabe zuschneiden

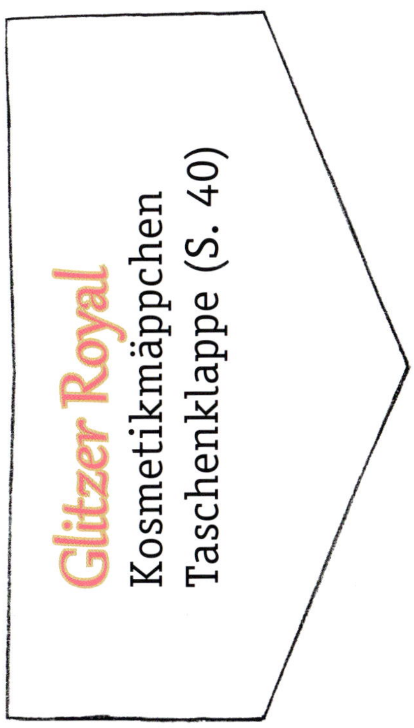
Glitzer Royal
Kosmetikmäppchen
Taschenklappe (S. 40)

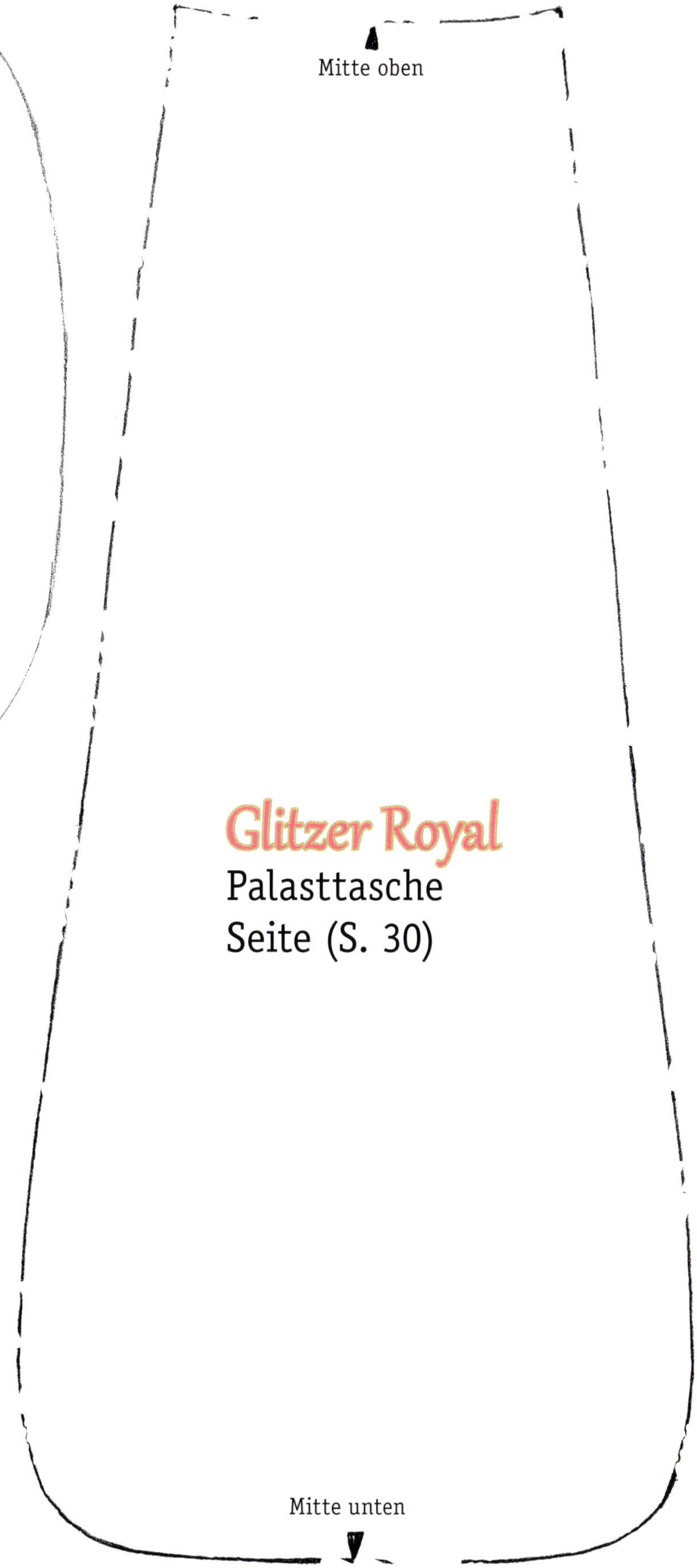
Mitte oben
Glitzer Royal
Palasttasche
Seite (S. 30)
Mitte unten

UPCYCLING

SCHWARZ

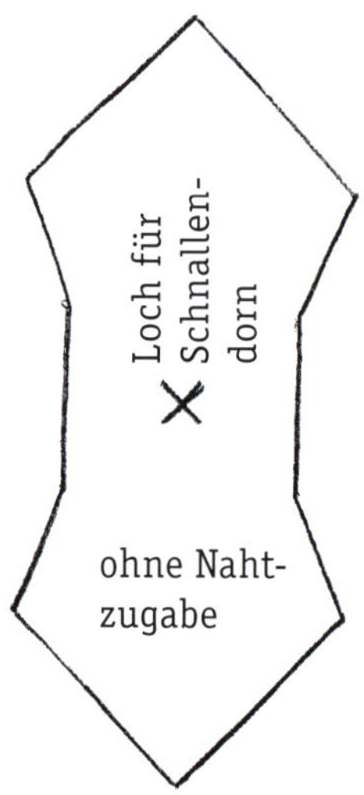

SCHWARZ
Typ Bikerin
Schnallenriemen
(S. 62)

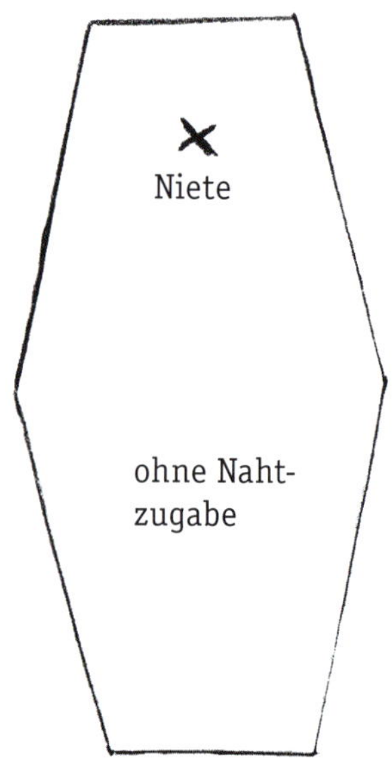

SCHWARZ
Typ Bikerin
Reißverschluss-besatz (S. 62)

SCHWARZ

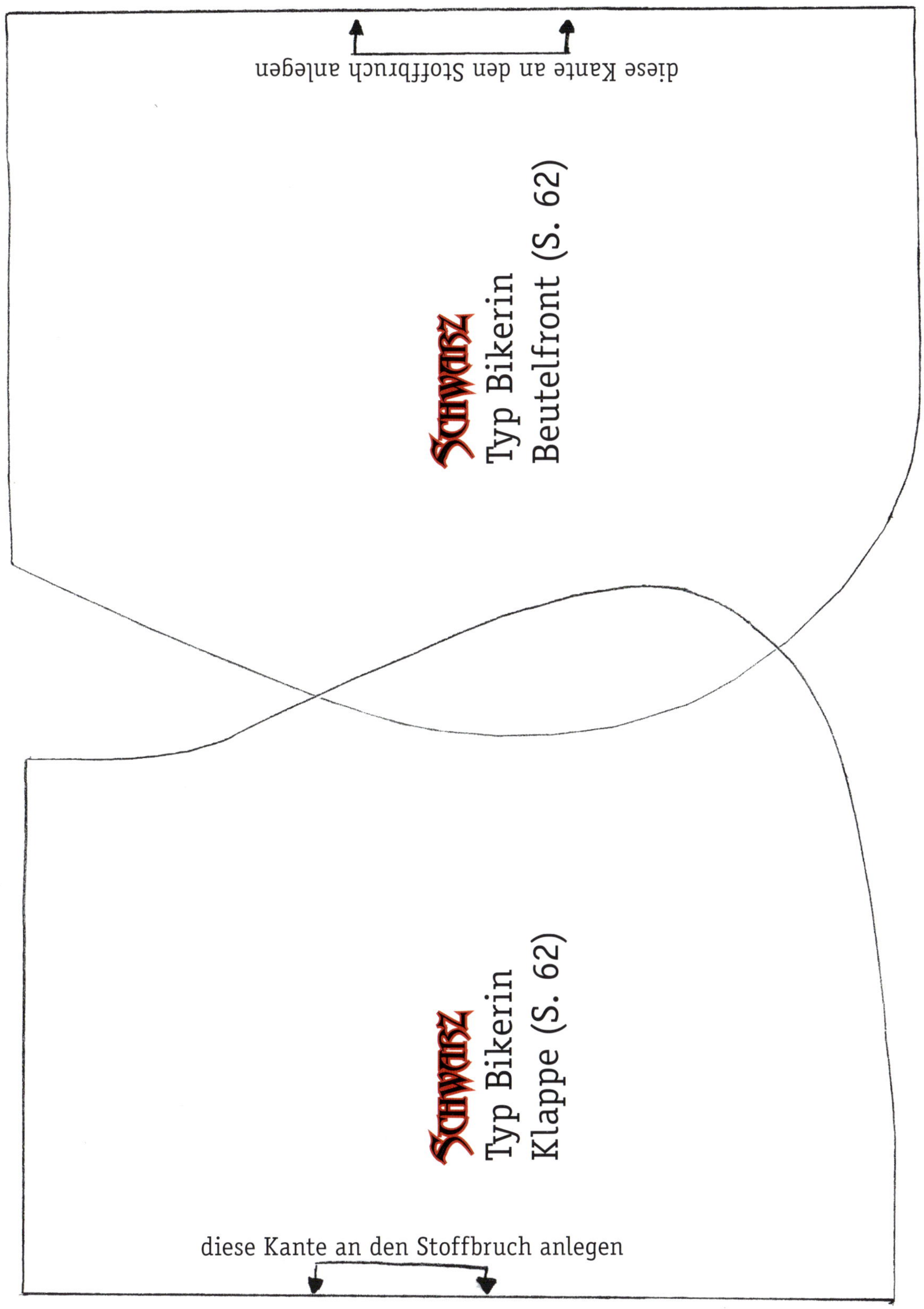
diese Kante an den Stoffbruch anlegen
SCHWARZ
Typ Bikerin
Beutelfront (S. 62)
SCHWARZ
Typ Bikerin
Klappe (S. 62)
diese Kante an den Stoffbruch anlegen

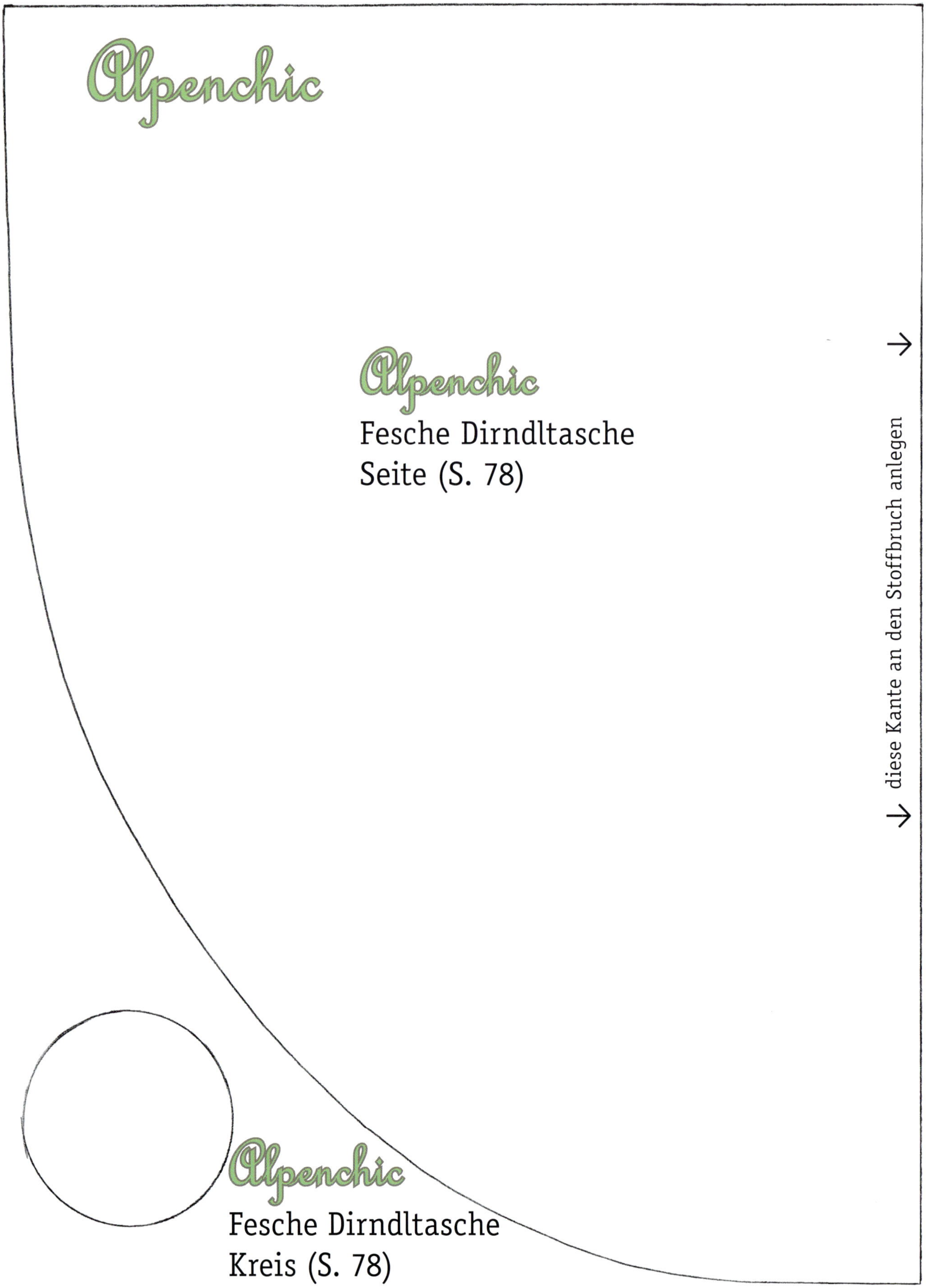
Alpenchic
Alpenchic
Fesche Dirndltasche
Seite (S. 78)
diese Kante an den Stoffbruch anlegen
Alpenchic
Fesche Dirndltasche
Kreis (S. 78)

Alpenchic
Fesche Dirndltasche
Klappe (S. 78)
diese Kante an den Stoffbruch anlegen

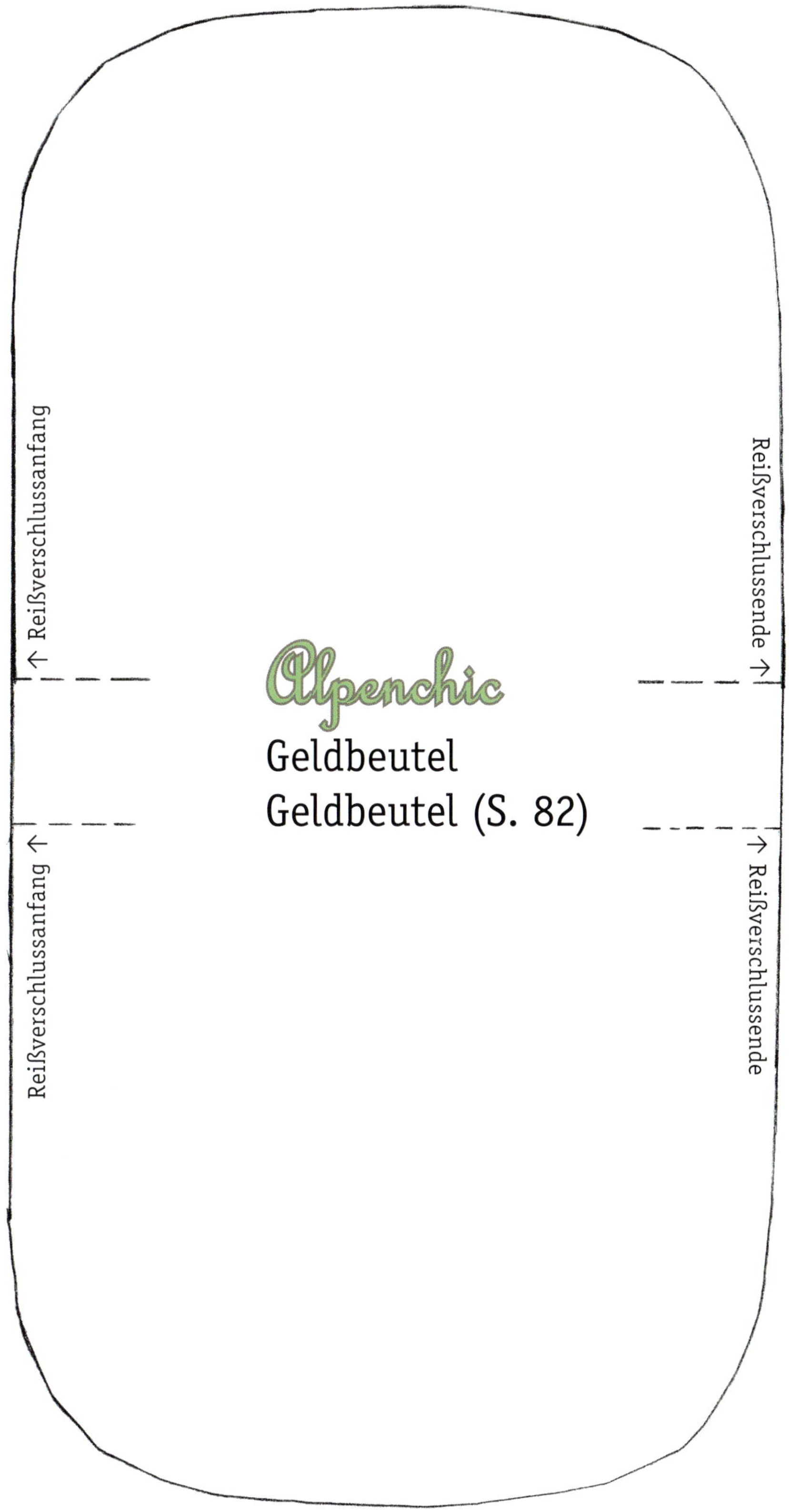
Reißverschlussanfang
Reißverschlussende
Alpenchic
Geldbeutel
Geldbeutel (S. 82)
Reißverschlussanfang
Reißverschlussende

Alpenchic

Druckknopf
Alpenchic
Edelweiße
Smartphone-Hülle
Front (S. 84)

Druckknopf
Alpenchic
Edelweiße
Smartphone-Hülle
Rückseite (S. 84)

Danke ...

... sage ich all denen, die geholfen haben, dieses „Taschen"-Buch zu verwirklichen.
An Julian, in dessen Tattoo-Studio „Corpsepainter" ich meine Schwarzen Projekte fotografieren durfte. Ihr findet diesen supernetten Kerl in seinem Laden in der Bodenseestraße in München-Pasing. An Melissa, deren knuffige Koalas Hintergrund-Motiv für das Schwarze Mäppchen wurden. An Maria, in deren kleinen Palast ich den passenden Chic präsentiere (und immer erwartet habe, hinter der nächsten Ecke einen Butler zu finden). Und an Anja, deren Bar und Garten ich für Fotos ausgiebig nutzte, und die mich immer mit ihrer Fröhlichkeit ansteckte, wenn mal was nicht so wollte, wie es sollte.
All den anderen, die hier keinen Platz finden: Nachbarn, Familie, Freunde, die vielen arbeitsamen Bienen im Basserman Inspiration-Verlag. Ohne Euch ginge es nicht. Danke!

Ach, und an meinen lieben Mann, der niemals murrt. Wobei, wenn ich es recht überlege, das mach ich doch lieber persönlich ...

Impressum

ISBN 978-3-572-08142-4

1. Auflage

Projektkoordination dieser Ausgabe: Dr. Iris Hahner
Umschlaggestaltung und -foto: Atelier Versen, Bad Aibling
Idee und Konzeption: Myriam Bechly
Schnittmuster, Fotos und Zeichnungen: Myriam Bechly
Layout und Satz: Myriam Bechly

FSC www.fsc.org MIX Papier aus verantwortungsvollen Quellen FSC® C012536

Verlagsgruppe Random House FSC® N001967
Das für dieses Buch verwendete FSC®-zertifizierte Papier *Profisilk* liefert Sappi, Ehingen.

Druck und Bindung: Druckerei Theiss, St. Stefan im Lavanttal

Printed in Austria